余秋雨定稿合集

文化苦旅
千年一叹
行者无疆

中国文脉
君子之道
修行三阶
极品美学

老子通释
周易简释
佛典译释
文典译写
山川翰墨

借我一生
门孔
暮天归思
余之诗
冰河（小说及剧本）
空岛·信客（小说）

世界戏剧学
中国戏剧史
观众心理学
艺术创造学

北大授课
境外演讲
台湾论学

附集：语录和文辑
大美可追（余秋雨的文化美学）
内在的星空（余秋雨人文创想）

老子通释

余秋雨　著

A GENERAL COMMENTARY ON *TAO TE KING*

余秋雨简介

中国当代文学家、美学家、史学家、探险家。

一九四六年八月生,浙江人。早在"文革"灾难时期,针对以"样板戏"为旗号的文化极端主义,勇敢地潜入外文书库建立了《世界戏剧学》的宏大构架。灾难方过,及时出版,至今三十余年仍是这一领域的权威教材。

二十世纪八十年代中期,因三度全院民意测验皆位列第一,被推举为上海戏剧学院院长,并出任上海市中文专业教授评审组组长,兼艺术专业教授评审组组长。曾任复旦大学美学博士答辩委员会主席、南京大学戏剧博士答辩委员会主席。获"国家级突出贡献专家"、"上海十大高教精英"、"中国最值得尊敬的文化人物"等荣誉称号。

在担任高校领导职务六年之后,连续二十三次的辞职终于成功,开始孤身一人寻访中华文明被埋没的重要遗址。所写作品,往往一发表就哄传社会各界,既激发了对"集体文化身份"的确认,又开创了"文化大散文"的一代文体。

二十世纪末,冒着生命危险贴地穿越数万公里考察了巴比伦文明、克里特文明、希伯来文明、阿拉伯文明、印度文明、波斯文明等一系列重要的文化遗址。他是迄今全球唯一完成此举的人文学者,一路上对当代世界文明做出了全新思考和紧迫提醒,在海内外引起广泛关注。

他所写的大量书籍,长期位居全球华文书排行榜前列。在台湾,他囊括了白金作家奖、桂冠文学家奖、读书人最佳书奖等多个文学大奖。在大陆，多年来有不少报刊频频向全国不同年龄的读者调查"谁是你最喜爱的当代写作人"，他每一次都名列前茅。二〇一八年他在网上开播中国文化史博士课程，尽管内容浩大深厚，收听人次却超过了六千万。

几十年来，他自外于一切社会团体和各种会议，不理会传媒间的种种谣言讹诈，集中全部精力，以独立知识分子的身份完成了"空间意义上的中国"、"时间意义上的中国"、"人格意义上的中国"、"哲思意义上的中国"、"审美意义上的中国"等重大专题的研究，相关著作多达五十余部，包括《老子通释》、《周易简释》、《佛典译释》等艰深的基础工程。联合国教科文组织、北京大学等机构一再为他颁奖，表彰他"把深入研究、亲临考察、有效传播三方面合于一体"，是"文采、学问、哲思、演讲皆臻高位的当代巨匠"。

自二十一世纪初开始，赴美国国会图书馆、联合国总部、哈佛大学、耶鲁大学、哥伦比亚大学等处演讲中国文化，反响巨大。二〇〇八年，上海市教育委员会颁授成立"余秋雨大师工作室"；二〇一二年，中国艺术研究院设立"秋雨书院"。

二〇一八年五月，白先勇和"远见·天下文化事业群"创办人高希均、王力行赴上海颁授奖匾，铭文为"余秋雨——华文世界最具影响力的一支笔"。

近年来，历任澳门科技大学人文艺术学院院长、香港凤凰卫视首席文化顾问、上海图书馆理事长。（陈羽）

作者近影。二〇一九年十一月二十一日，马兰摄。

目 录

前言 ·················· 001

通释 ·················· 003

今译 ·················· 235

原文 ·················· 277

名家论余秋雨 ·················· 306

余秋雨文化大事记 ············ 308

道德经全本行书（反向附册）

前言

老子通释，是一项体量庞大的系统文化工程。这个"通"，包括以下六项指标：

一、通述八十一章的全部内容；

二、通析每章每节的内在逻辑；

三、通观两千多年之间的思维异同；

四、通感原文和译文之间的文学韵味；

五、通论历代研究者的共识和分歧；

六、通考各种版本的阙误和修正。

稍稍一想就知道，其间会有多少危崖深壑、漫漫苦路。好在，我终于走下来了。

《老子》原文不分章，后世学者为了方便，分了八十一章，这就像为一座大山划分了攀援段落。我的这部通释，就是循章行进的。但是，我以行书书写的《老子》全文，仍然依照原文不分章。

本书是一部学术著作，其中包括大量艰深的论述，但整体上我用散文写成。为什么要用散文来裹卷学术？我只是希望能在枯燥的学理和考订之间保持畅达的灵性，让当代读者感到亲切。我相信，只有促成当代生命的趋近，才能滋润千年文本。

更重要的是，《老子》原文，是一篇篇优美的"哲理散文诗"，我们后人怎么可以用佶屈聱牙的学术注释，把浑朴的诗意全都割碎？怎么可以把一坛远年美酒转换成一大堆化学分子式？我用散文，是想保存那些初元的酒韵和醉意。

每一章的阐释，都以翻译为归结。翻译比阐释更具有语气上的完整性、逻辑上的连贯性，因此我很重视。我的翻译遵循以下三个原则：

一、尽力逼近原文旨意，保持学术上的高度严谨；

二、呼应《老子》原文哲理散文诗的文学魅力，发挥现代散文在语言节奏上的美学功能；

三、洗去迂腐缠绕的研究风习，使广大读者都能爽利接受。

这当然很不容易做到，我借着最难翻译的《老子》做了一个规模不小的试验，敬请读者教正。

通释

第一章

第一章面临着特别的麻烦。因为老子知道,自己现在着手的,并不是一部普通的著作,而是一项开创性的精神构建。那么,一开头,就必须呈现出主题和高度。但是,字又不能太多,他为自己定下的文字风格是诗化格言。用短短的诗化格言来开启这么一扇重大门户,难度可想而知。

主题是道。道是什么?必须给一个合适的名。这本是最不能跳过去的"定义巨障",却被老子用幽默的方式跳过了。他一上来就说:

道,说得明白的,就不是真正的道。
名,说得清楚的,就不是真正的名。

你看,刚刚呈现出主题,就立即表示,这个主题说不明白。加给它任何名,也说不明白。初一听,很像是"开局之谦",来反衬后文的论述,但这不是老子的做法。在老子看来,不仅文章的开头说不明白,而且直到文章的结尾也说不明白。不仅自己说不明白,而且别人也说不明白。不仅现在说不明白,而且永远也说不明白。

说不明白怎么成了主题?这就一下子由幽默引向了深刻。老子呈现的，是一种伟大的不可知。他甚至认为，只有不可知、不可道、不可名，才能通向真正的伟大，才能靠近他心中的道。

当然，世上也有不少可知、可道、可名的对象，但只要触及重大命题，例如天地的起始、万物的依凭，就会进入不可知、不可道、不可名的鸿蒙境界。

在这种境界中，一切都处于"若有若无"之间。"若有若无"的状态如果往大里说，也会引出一对重要的概念，那就是"无"和"有"的哲学定位。老子说，"无"，是天地之始；"有"，是万物之凭。"无"，产生奥秘；"有"，产生界定。

——说到这里已经很复杂，需要我们在今后慢慢消化。老子似乎也知道已经太深，因此又急着告诉大家，正是这种"若有若无"、"知而未知"，构成了天地的玄妙。而且，就是在这玄妙中，隐隐约约看到了道。

至此，可以把这一章的原文和译文完整地呈现一下了。

原文是——

道可道，非常道。名可名，非常名。
无，名天地之始；有，名万物之母。
故常无，欲以观其妙。常有，欲以观其徼。
此两者，同出而异名，同谓之玄。玄之又玄，众妙之门。

我的译文是——

道，说得明白的，就不是真正的道。

名，说得清楚的，就不是真正的名。

无，是天地的起点。

有，是万物的依凭。

所以，我们总是从"无"中来认识道的奥秘，总是从"有"中来认识物的界定。

其实，这两者是同根而异名，都很玄深。玄之又玄，是一切奥妙之门。

这一章对于"无"和"有"的论述，牵涉到艰深的哲学命题。老子既然匆匆带过，我们也不便多加论述，好在我在论庄子、论魏晋、论佛教的诸多著作中都有涉及。我特别希望读者在这一章中领略一种不可知、不可道、不可名的玄妙。

这种玄妙，与东方哲学的神秘主义有关，却又并非局限于东方。世界上最高等级的哲学家、艺术家、科学家都会承认，一切最奇妙的创造，必定出现在已知和未知之间。因此，一切最佳的作品，必定包含大量玄妙的未知。

玄妙的未知，也指向着无穷的未来。我自己，每次得知人类对于宇宙万物的新发现却又无法做出判断的信息，例如黑洞、暗物质、不明飞行物、量子纠缠等等，总会在心中默念"道可道，非常道"、"名可名，非常名"的句子。两千五百多年间对于玄妙未知的巨大惊讶和由衷谦卑，一脉相承。而且，还会承续到永远。

我觉得，老子一开篇就以玄妙的未知来为道布局，实在是高超之至。对于道，后文还会不断讲述，但是第一个照面却是那么烟云缥缈的神奇，太有吸引力了。

也许不少读者会感到深奥，但是，起点性的深奥一瞥，反而会增加悬念。不管怎么说，人们对全篇的第一字"道"，已经放不下。

近现代的研究者们受到西方科学主义的影响，总希望用各种"名"来把"道"解释清楚，诸如"宇宙本体"、"普遍规律"、"原始正义"、"终极掌控"等等，越说越乱，又反过来责备老子在概念运用上过于纠缠混同。读到这些论著，我总是哑然失笑，心想他们怎么会没有看到老子的第一句话，或者假装没有看到，居然想把玄妙的道作践得如此离谱，实在是太自负，又太乏味了。

至于"道"这个概念的历史由来，倒是一个有意义的课题，我在众多研究者中比较看重童书业的看法。童书业认为，在远古时代，人们迷信具有人格意义的神、鬼、灵。但是，大量的事实教训使智者们渐渐怀疑这种迷信，就把人的变化归结为"命"。"命"是泛神论的，不再黏着于单一的神、鬼、灵，而古代思想家又进一步把"命"的概念抽象化，产生了"道"的观念。（参见童书业《先秦七子思想研究》）

童书业的"三段论"显然包含着对远古时代的合理猜度，但我只是觉得，从神、鬼、灵的迷信，到"道"的观念，未必转经"命"的概念。因为"命"是个人化的设想，而"道"是超越人"命"的宏观思维，反倒与原始宏观有一种气象上的呼应。

顺便说一下，这里存在一个小小的"句读"方面的历史争议，其实也就是标点符号的点法。究竟是"无，名天地之始"、"有，名万物之母"好呢，还是"无名，天地之始"、"有名，万物之母"好？一个标点，牵涉"无"和"有"是不是一个独立概念。王弼是主张"无名"、"有名"的，王安石是主张让"无"、"有"独立的。历来各有偏向，而我则主张，两者皆可，区别不大，顺语气就好。我在翻译时，两种都曾采用。

第二章

老子的不少名句,由于言词简约,让后人产生了不同的理解,但是,每一种理解都很深刻。这种奇特现象,应该归功于他引导的等级。引导在高处,连岔道都有风光。

最典型的例子,就是这一章的句首:"天下皆知美之为美,斯恶已;皆知善之为善,斯不善已。"

这一句,至少有以下五种解释:

一、天下都知道美为什么美,那就丑了;都知道善为什么善,那就不善了。(较普遍的解释)

二、天下万物,两端生于一致,因此有了美就必有丑,有了善就必有不善。(王夫之的解释)

三、把美和善夸耀得天下皆知,那么,丑和不善一定就会紧跟着来了。(范应元的解释)

四、为什么人们能够知道美之为美,善之为善?因为有丑和不善的存在,产生了对比。(陈懿典的解释)

五、天下都知道美之所以为美,丑的观念就产生了;都知道善之所以为善,不善的观念也就产生了。(陈鼓应的解释)

这些解释都很有意思,除了王夫之是在整体上论述这句话的哲学背景外，后面几种似乎都显得过于平稳，把我们初次读到这个句子时的心理冲击力大大降低了。

老子这句话，从语气看，是在极言从美到丑（恶）、从善到不善的急剧转化。老子喜欢这种近距离的强烈反差，因此如果拉回到寻常思路，虽然在逻辑上合理，但不符合他的"断言结构"。

我想保持他强烈反差的"断言结构"，也就是偏向于"当天下都知道美那反而就丑了"的说法，但必须找到走向反面的原因。我认为，原因就在"美之为美"这四个字。"天下皆知美"，已经很夸张；如果进一步，"天下皆知美之为美"，问题就来了。所谓"美之为美"，也就是美为什么称为美的理由、标准、定位、诀窍。这么复杂的问题如果"天下皆知"，那一定是有一种通行天下的规范。当美有了"天下皆知"的规范，那当然就是丑了。美是这样，善也是这样。

这里出现了两条界限。

第一，有美、有善，当然是好事，但不必去设定它们的成因和规范；

第二，即使设定了，也不要推行天下。

如果无视这两条界限，美和善都会变质。

直到今天，我们在这个问题上还是糊涂的，总以为要张扬美和善，就必须做到"天下皆知美之为美"、"天下皆知善之为善"。殊不知，美的起点是天性和创造，善的起点是良知和大爱，都是"说不清道不明"的。因此，不可能出现天下共规。如果出现了，那一定已是反面。

我的翻译就是这样来的："天下人都知道了美的定位，那就丑了；

都知道了善的定位,那就恶了。"这里的"定位",也可以更换成"规则"、"诀窍"。

接下来,老子就要进一步展现他相反相成的"断言结构"了。这些短句都很精彩,应该能够背诵——

有无相生,难易相成,长短相形,高下相倾,音声相和,前后相随。

这二十四个字,几乎用不着阐释。需要说明的是,一九七三年十二月湖南马王堆出土的《老子》帛书甲、乙本中,原先通行的"高下相倾"作"高下相盈"。有些研究者认为,应该是"盈",通行本改为"倾"是为了避开汉惠帝刘盈的名讳。一个"倾"字,表示高下之间互相依赖;一个"盈"字,则表示高下之间互相包含。两种意思都很好,但我本人更愿意选择的,倒是互相依赖。为何依赖?因为从高,我们更能知道下;从下,我们更能知道高。由此,我的翻译是:"高和下,互相证明。"

另外,在这二十四个字之后,马王堆帛书甲、乙本中还有"恒也"两字,意为"永远是这样"。我在翻译时,考虑到语势,选择了帛书之前的通行本。

既然有无、难易、长短、高下、音声、前后之间,都是互相生成的,那么,人就不要根据它们的表面差异去胡乱折腾了。你要无中求有吗?你要难中求易吗?你要短中求长吗?你要在高下前后之间整一个胜负输赢吗？老子说，它们本是一体的两面，又在时时转化，实在犯不着人去横加干预。这就出现了下一段话——

是以圣人处无为之事，行不言之教。万物作而弗始，生而弗有，为而弗恃，功成而弗居。夫唯弗居，是以不去。

这段话，是老子对自己思想的郑重概括。由于出现在前面一连串相反相成的联句之后，其实也就说清了"处无为之事"、"行不言之教"的理由。高亨在《老子正诂》中说这两段文意不相连，我的意见正恰相反，是紧密相连的。我对这段话的翻译是：

因此，圣人处"无为之事"，行"不言之教"。让万物运行而不去创始，让万物生长而不去占有，有所作为也不要自恃，有了功绩也不要自居。只要不自居，功绩也就不会失去。

为什么"无为"？因为自然在"为"。为什么"不言"，因为自然在"言"。那也就是说，"无为之事"，是自然在做的事；"不言之教"，是自然在讲的课。既然如此，人们哪里还说得上创始、占有、自恃、自居？只要不是这样，它总在。

这里又出现了"圣人"这个概念。老子把"无为"、"不言"的人称为"圣人"，表明他所说的"圣人"是遵循自然的人，是效法天地的人。显然，这与人们所熟悉的儒家的"圣人"标准，有很大区别。

陈鼓应在《老子注译及评介》中就此说了一段话，我很赞同，且引述如下：

儒家的圣人是典范化的道德人；道家的"圣人"则体任自然、拓展内在的生命世界，以虚静、不争为理想生活，鄙弃名教，扬弃一切影响身心自由活动的束缚（甚至包括伦常规范在内）。道家的"圣人"和儒家的圣人，无论对政治、人生、宇宙的观点均不相同，两者不可混同看待。

老子被后世道家奉为"无上先师"，因此他说的圣人符合陈鼓应所论述的道家圣人范畴，也可以说是道家圣人的最早定位。

第三章

如果让老子所说的圣人来治理天下,将会如何?

这又与儒家的思想有很大的差别了,与后世墨家的思想差别更大。因此,与我们的习惯思维,也产生了不小的差距。我们在读的时候,不要因为不适应而立即皱眉,不妨想一想一个从来没有掌过权的思想大师对于治理方式的独特思考。他从相反相成的思维逻辑提出建言,而且特意舍弃了一切掩饰。

原文是这样的——

不尚贤,使民不争。不贵难得之货,使民不为盗。不见可欲,使民心不乱。

是以圣人之治,虚其心,实其腹,弱其志,强其骨。常使民无知无欲,使夫智者不敢为也。为无为,则无不治。

坦白到了让一切统治者都觉得不好意思,因此我也要直白地把它翻译出来——

不要推重贤能之人,免得使人民竞争。

不要珍重稀有物品，免得使人民偷盗。

不要引起欲望，使民心不乱。

因此，圣人的治理，要简化人民的心思，填饱人民的肚子，减弱人民的意志，强健人民的筋骨。常使人民无知无欲，常使智者不敢作为。

只要做到"无为"，就没有"不治"的麻烦。

我发现，历代老子的研究者，有很多是深受儒家思想影响的好心人。他们总是力图把老子的一些坦白话语，磨掉一点棱角，不要刺激社会上通行的寻常观念。例如，老子说"不尚贤，使民不争"，很多研究者都解释为"不尚贤之名"，也就是不崇尚贤能的名称。这一来，"不尚贤"就变成了"不尚名"，大家都能接受了。但是，老子的话中并没有"名"的成分，他所说的"不尚贤"，就是不要推重贤能之人。这听起来不太舒服，却是老子的原意。

老子对贤能之人的态度比较冷淡，不管是对仅有贤能之名，还是对兼具贤能之实的人，都是这样。他的基本思路是：自然之道就是最大的贤能，还要你们来逞什么能？他认为，贤能之人既然已经出现，就不要显摆，更不宜被上下推重。因为显摆和推重容易在民众中造成羡慕和嫉妒，并由此产生竞争。而且，有的贤能之人为了施展自己的计划还会鼓动竞争，这都是老子所警惕的。但是，老子并不排斥贤能之人，后面有不少文字要他们收敛才华和锋芒，让他们处于一种韬光养晦的状态。他在这个问题上最重要的思想，是要整个社会不要崇尚一些特殊的人，即便他们确实不错，也不要崇尚。

由此，老子提出了一整套的治民方略，总的说来，要"常使民无知无欲"。具体说来，是"虚其心，实其腹，弱其志，强其骨"，也就是让民众心志简弱而身体强健。如果其中有心志不弱的智者，那就让他们无所作为。

这番话，当然与中国文化中"以民为本"的思维判然有别。他的政治理想，是让少数"圣人"与"天道"沟通，然后让大家依顺"天道"过日子，谁也不要来添乱。他认为，能添乱的，就是民众的欲望和心志，因此要让这种欲望和心志大大弱化，甚至消失。

这种主张，当然会让民众和智者困惑，但老子提出了一个尖锐的两难选择：你们到底要"不乱"，还是"不治"？

他认为，只有以最大的代价达到"不乱"，才能从根本上消除"不治"。那么，怎么才能达到"不乱"呢？答案是："无为"。

在这个问题上，我不赞成用现代的"阶级论"来批判他的"愚民政策"，而应该看到在战乱频繁的春秋时代，一个深知漫漫血火的思想家对于"不乱"的向往，对于种种欲望和作为的否定。他企盼的，是一种自然主义，也就是让社会像日月运行，像花木盛衰，在不加干预中保持自然秩序。童书业在《先秦七子思想研究》中说，老子的这种"无为"思想，来自春秋时代的自然主义思潮。我赞成这种说法。

理解了老子的思维脉络，我们就不必对他的观点进行符合社会期待的解释了。例如，陈鼓应在解释"常使民无知无欲"这一句时，特地注明老子所不要的，是"伪诈"之志、"争盗"之欲。其实这是对老子的一种"善意限定"，从老子的行文来看，他对并非"伪诈"之志、并非"争盗"之欲，也是阻止的，这正是他非同寻常的地方。为他一涂饰，反倒把他的治民方略缩小成了道德教化。当然这种涂饰是出于对老子和读者的"双向好心"，但这样的"好心"在学术研究中并不妥当。

　　伟大的老子并非没有局限，后人实在无须为他掩盖。我在直白地翻译之后也需要直白地表明，自己崇敬他的"无为"思想，却无法认同他从"无为"思想派生的治民方案。如果为了有利统治而把民众降低为心志简弱而身体强健的一群人，那就把社会的全部希望寄托在统治者身上了，但历史反复证明，这种寄托极其冒险，后果非常可怕。就整体而言，最贵重的社会之本，还是民。孟子在《尽心》篇中说：

民为贵，社稷次之，君为轻。

我站在孟子这一边。

第四章

老子终于要直接讲"道"了。

"道"是老子最重要的思想建树,他在让一些对立范畴和"无为"思想做了初步的铺垫之后,便快速地请出了它。

既然贴近了本体,语言就不能不有点深奥了。原文是——

道冲,而用之或不盈。渊兮,似万物之宗。挫其锐,解其纷,和其光,同其尘。湛兮,似或存。吾不知谁之子,象帝之先。

这几句话,对一般读者来说可能有点难度,因此我赶紧先翻译一下——

道是空虚的,但它用之不尽。它是那么渊深,就像是万物的主人。

它挫去锋锐,解除纷争,与光相融,混同世尘,看似不见,却是实存。我不知道它从哪里产生,只知道它早在天帝之前就已经光临。

这段论述非常重要,其中包含着五个层次。

第一层次，道是以空虚形态出现的万物之主；

第二层次，道，用不尽；

第三层次，道的功能，是挫去世间一切锋锐，解除世间一切纷争；

第四层次，道的存在方式，与光相融，混同世尘，看似不见，却是实存；

第五层次，道的来历不可知，却一定早于天帝。

这五个层次，已经可以概括道的几个主要特征。其中，空虚状态的万物之主，"和其光"、"同其尘"，颇让我迷醉。说它出现在天帝之前，等于否定了它是神所颁造的，这在人类古代思想史上，相当重要。

道，就像光和尘一样，抓不住、摸不着，却居然是"万物之宗"。因此，"和光"、"同尘"成了历代顶级文人的生存梦想，尽管他们几乎做不到。老子把一个生命的最高存在状态，比之于光和尘，既有哲学魅力，又有文学魅力。

光和尘，既高贵，又卑微，既给尘世带来光亮，又给尘世带来真实。它们处处弥漫，无远弗届，却不让自己的形体显现，这实在是一种生命理想。

需要说明的是，文中"挫其锐，解其纷，和其光，同其尘"这十二个字，在后面第五十六章也会出现。这就出现了两种可能：一是老子自己觉得重要，又强调了一遍；二是抄写者抄重复了。有的研究者发现文中"渊兮"、"湛兮"可以对仗，就把这十二个字从这一章删除了。

这当然也可以，但我看上了这十二个字的重要性，觉得老子在首次直接论"道"时很自然会说出来，因此没有在此处删去。等到讲解第五十六章时，不妨再强调一次。

第五章

这一章，老子顺着前面的语气，继续讲述"道"的一些基本原理，后面几章，也是这一总体论断的延伸。原文是——

天地不仁，以万物为刍狗。圣人不仁，以百姓为刍狗。
天地之间，其犹橐籥乎！虚而不屈，动而愈出。
多言数穷，不如守中。

先要解释一下两度出现的名词——"刍狗"。

刍狗，草扎的狗，祭祀求雨时用，祭完就抛弃了。因为老子在这里用它做比喻，就引来了历代研究者的相关分析，读起来有点趣味。

例如，宋代的苏辙在《老子解》里说："结刍以为狗，设之于祭祀，尽饰以奉之，夫岂爱之，时适然也。既事而弃之，行者践之，夫岂恶之，亦适然也。"

宋元之际的学者吴澄在《道德真经注》中说："刍狗，缚草为狗之形，祷雨所用也。既祷则弃之，无复有顾惜之意。天地无心于爱物，而任其自生自成。圣人无心于爱民，而任其自作自息，故以刍狗之喻。"

现代钱锺书在《管锥编》里说:"刍狗万物,乃天地无心而不相关,非天地忍心而不悯惜。"

钱锺书还特地做了一个区分,刍狗的比喻是指"无心",而不是"忍心"。其实这种区分古人也已在做,例如南宋林希逸在《老子口义》中特别说明,有的研究者把"以百姓为刍狗"解释成"视民如草芥",是错的,正确的解释是"不着意而相忘"。

研究者们对"刍狗"的分析,其实也说清了老子这段话的大半含义。

那么,我在翻译时也可以直接说出这个比喻后面的宏大含义了。我的翻译是——

天地并不仁慈,只让万物自生自灭。
圣人也不仁慈,只让百姓自生自灭。
天地之间,就像风箱,虽是空的,却是无穷的,一旦发动,就能出风。
政令太多,总是不同,不如守中。

读过了前面所引古今研究者的分析,我们就能明白,"天地不仁"、"圣人不仁",并不是天地和圣人忍心去做逆反仁爱的事,而是对于仁爱与否,完全无心关注,因为一切由自然安排。结果,看起来,似乎"不仁"。

老子显然看不上世间的情意漫漫。他认为,看上去"不仁"的天地才是真天地,看上去"不仁"的君子才是真君子。唐代诗人李贺

《金铜仙人辞汉歌》中的名句"天若有情天亦老",正是出自老子的这种思想。

说"天地有情",那只是人们的"自作多情"。人们从朝霞月光、山川花木感受到天地挚爱,那只是"移情联想",把无情的自然物拟人化了。如果从反面想到狂暴而残酷的自然灾难,那也不是天地起了杀心。天地没有仁与不仁,听任万物自生自灭;圣人与天地一体,因此也听任百姓自作自息。

"听任百姓自作自息"——这正是"无为"思维的要旨所在。在老子看来,以强大的心态和欲念来干扰百姓的寻常作息,那就违背了天道。

继"刍狗"的比喻之后,老子又增添了一个"橐籥"(风箱)的比喻,意指天地虽空却动,"虚而不屈,动而愈出"。因此,结论也就很明白了:不要闹腾,不如守中。

这一章的精华是以"刍狗"来比喻无须顾念、无须着意的"不仁"与"无为",要人们模仿天地、任其自然。

第六章

老子依然要顺着自然主义的思维,进一步讲"道"。

还是用比喻。这一章很短,他用母性的生殖功能,来比喻"天地之根"。他认为,玄妙的母性,用一种虚宽而神奇的延续能力,使天下绵绵不绝、无穷无尽。原文为——

谷神不死,是谓玄牝。玄牝之门,是谓天地根。绵绵若存,用之不勤。

如果直译,大致是这样:

深谷般的神灵不会死亡,那就是母性玄妙的生殖功能。母性的生殖之门是天地之根,绵绵长存,永不劳倦。

但在正式翻译时,我把"谷神不死"译成了"虚空的道,永久不灭"。这样比较明白,也跳脱了对"谷神"的种种歧解,但似乎与原文有了距离。

不管怎么说,这一章的主角是"玄牝"。前后的文字如"谷神不死"、"天地根"、"绵绵若存，用之不勤"，都围绕着它。因此，"玄牝"不再仅仅是一般的比喻，而是成了老子对"道"的隆重象征。

第七章

这一章,说明天地之所以有生命力,在于它们没有自己的生长企图。因此,人们就要为这种自然的生命力让路。

显而易见,这又是"无为"思想的进一步表述。基础,仍然是以"天地"为名的自然主义。

这一章的落脚点,是人生在世应该懂得处于什么地位。是前,还是后?是里,还是外?是无私,还是存私?这一切,常常被看成是"生存谋略",老子也因此被人们误会成是这方面的专家。其实,在老子看来,人该怎么做,首先看天地自然怎么做。是天地大道,在启发着人生智慧。这一章用简短的文句,把天地大道和人生智慧之间的关系联结起来了。以后老子有关人生智慧的诸多论述,都可以在这种联结中找到契机。

原文是——

天长地久。天地所以能长且久者,以其不自生,故能长生。

是以圣人后其身而身先,外其身而身存。非以其无私邪?故能成其私。

第一句译成口语大致是这样的：大家都在说天长地久。天地为什么能长久？因为它们不谋生，所以长生。"不谋生，所以长生"，这个意思很好，但在日常生活中，"谋生"有维持生计之义，不应该否定，因此可以更换成一种更现代的说法：因为天地不算计生命，所以才延续生命。

正是这个"天地逻辑"，派生出"人生逻辑"，那就是第二句要讲的了：不算计前后的人，反倒站到了众人之前；不算计内外的人，反倒活得很好。不正是因为他无私吗？结果倒是成就了自己。

也就是说，没有算计，没有意图，结果一切都好。这就印证了"天地逻辑"：天地不谋生，所以长生。

因此，老子的很多教言很像是计谋，其实正好相反。只有毫无计谋，才像早有计谋。他所说的"圣人"很懂这个道理，因此只是应顺自然，不为自己动什么脑筋。

第八章

终于出现了特别重要,也特别著名的一段话。老子仍然用自然物做比喻,这次的自然物选得最恰当:水。

这段话,历来有很多人抄写后悬挂在墙上,作为座右铭。虽然这么出名,我还是要再抄一遍,为了后面的阐释。

上善若水。水善利万物而不争,处众人之所恶,故几于道。
居善地,心善渊,与善仁,言善信,政善治,事善能,动善时。
夫唯不争,故无尤。

立即奉上我的译文——

上善若水。
水乐于滋润万物而不争,只去人们不喜欢的地方,所以与道最为接近。
处身低位,心怀深沉,态度亲仁,交接诚信,便于治理,极有效能,适时动静。
正因为什么也不争,所以没有什么毛病。

老子对于人世间一般意义上的道德说教，很不喜欢，认为其中大多夹杂着伪诈的成分。他也不主张用天地自然来比附道德说教，前面说过的"天地不仁"就是例证。但是，他又相信，在这一切之上，有一种与"道"接近的宏大伦理结构，让人类生存至今。这种宏大的伦理结构，可用"上善"、"大德"来命名。为什么"善"的前面要加一个"上"，"德"的前面要加一个"大"？为的是要与一般意义上的"小善"、"小德"划出界限。

本章起始就呈示了"上善"这个概念，立即表明，"上善"就是天地之善、大道之善。"上善"没有表情，没有言论，却完成了远远超越表情和言论的大慈善。完成在何处？完成于山水之间，虽然不以人类为目的，却又默默地施惠人类，启发人类。

"上善若水"，这已成为千古格言，却又非常感性，因为水的存在形态可以象征"上善"的主要特征。

水的哪一些存在形态？

一、滋润万物；

二、自流不争；

三、愿去人们不喜欢的地方（处众人之所恶）；

四、找到合适的停留处（居善地）；

五、心怀深沉（心善渊）；

六、态度亲仁（与善仁）；

七、交接诚信（言善信）；

八、便于治理（政善治）；

九、极有效能（事善能）；

十、适时动静（动善时）。

整整十项，道尽了水的行动品性，也揭示了"上善"的道德品性。

对于"上善"的道德品性，水并不是在"以身作则"，而是无意中具有了象征意义。因此老子说，这就与"道"最为接近（几于道）。

这一章，只有寥寥五十字，但在象征的贴切、思维的广度上，都颇为精彩，是全部五千字中的翘楚之篇。

第九章

从水，想到了做人。老子顺着这个思路还要发挥一下。他要告诉人们，既然天地之道保持着自然平衡，那么，做人就要收敛，不可锋芒毕露、自恃而骄。在他看来，那些锋芒，那些骄横，在天地之道面前显得十分可笑。而且，因为触犯了天地之道，必陷险窘。

原文是：

持而盈之，不如其已。

揣而锐之，不可长保。

金玉满堂，莫之能守。

富贵而骄，自遗其咎。

功遂身退，天之道也。

这些话，通俗易懂，好读好记，好像并不是出于两千多年之前，而是出于去年或前年。由此可见，这些句子，已经承受过长久的考验，依然没有过时。

几乎可以不做翻译。但我一直乐于寻求古今句韵之间的转换，所以还是用更口语化的现代句子说了一遍，并调理了韵脚：

把持太多,不如终了。

锋芒太锐,不可长保。

金玉满堂,也不可靠。

富贵而骄,自寻烦恼。

功成身退,才合天道。

原文中"持而盈之"的这个"盈"字,在世间并不是一个负面字,因而更值得警惕。它的含义,不管是充满、圆满,还是旺盛、无缺,都是很多人追求的目标。但依照老子哲学,一"盈",就为四周的"不盈者"提供了抢夺的理由。更重要的是,天地之道也容不得世间重心倾侧,必然会以果断方式来维护平衡,甚至不惜矫枉过正。

所以,这个"盈",在老子哲学中具有了负面含义。随之而来,"锐"、"金玉满堂"、"富贵"、"骄",也都走向了负面。于是,这一切都应该停止,也就是"不如其已"。

这一点,在世俗观念上很难理解,很多人认为只有"盈"了,也就"盈"了活动空间。然而,既然已经装满,还会有什么空间呢?文中的"富贵"、"金玉满堂",是财路上的"盈";"锐"、"骄",则是心理上的"盈",都是自己对活动空间的剥夺。

不求"盈",就要"退",老子所说的"功遂身退"并不是指有了功绩就彻底消失。天地之道不赞成"彻底消失"这样的极端行为,而只要像水一样,以"不争"的姿态找一个别人不太想去的地方安顿下来,就可以了。

第十章

前一章已经讲到了如何服从天地之道来收敛地做人。这个话题一打开,老子就要更进一步来论述人的修身功夫了。

一个人要服从天地之道,不是一说服从就能服从了的,而是要从根本上改变自己。这种改变需要脱胎换骨,让自己重新回到生命的起点,回到婴儿的纯净状态,调理魂魄,从一开始。

从此,老子还会不断讲"道",但已经与修身连在一起了。在老子的思想中,大道既在茫茫天地,又在具体生命。这一来,大道哲学也就联通了生命哲学。

这一章的原文是——

载营魄抱一,能无离乎?
专气致柔,能如婴儿乎?
涤除玄鉴,能无疵乎?
爱民治国,能无为乎?
天门开阖,能为雌乎?
明白四达,能无知乎?

这一段，可能会产生阅读障碍的是第一句，因而先要解释一下。第一个字"载"是古代语文中的语气助词，跳过它，就成了"营魄抱一，能无离乎"。"营魄"，指的是"魂魄"。"魂魄"这两个字，在现代语文中大多连在一起使用，但在古代语文中各有重点。"魂"是指精神的动态活力，"魄"是指精神的静态形体。这两者能不能合二为一呢？

这也就是说，在一个人的身上，魂在游逸，魄在执守。既有活跃的灵魂，又有凝聚的气魄。如果能够动静相合，让魂和魄抱成一体，那么，这个人的精神也就获得了一种有活力的安定。

抱成一体的"一"，还是以道为基准。老子在后面章节中会讲到，"得一"就是"得道"。

说了这么多，这一句的意思也就明晰了：一个人的魂和魄，能够为着道而相抱为一，不再分离吗？

除了第一句外，稍稍有点障碍的，还有"天门开阖，能为雌乎"。这儿的"天门"，是指人的感官——眼、耳、鼻、舌等，在气功学者看来，是一道道天所赋予、向外开启的门户。那么，"天门开阖"是指应付外界。"为雌"，是指安静、柔顺的接受状态。古来好几个版本作"无雌"，其义不通，属于误写，现据帛书改正。把这两个意思合在一起，大致是问：在感受和应付外界的时候，能保持安静、柔顺的状态吗？

这一章，每句都在问。于是让我们想起一个场景，老子成了一位考官，面对一批愿意为道而修行的人，拿起几个重要题目进行考问。当然，这些问题是有引导性的，全都触及修行的根本。

于是，我翻译成了这样一串提问——

魂魄合一，能不分离吗？
守气柔和，能像婴儿吗？
涤念静观，能无瑕疵吗？
爱民治国，能够无为吗？
应付外界，能够柔静吗？
通达四方，能不耍智吗？

在这六个考题中，最让人醒豁的，是"婴儿"的出现。老子很重视婴儿的象征价值，在后面的章节中还会一再提及，甚至断言圣人就是婴儿。在老子心目中，他所说的婴儿已经是一个健全的人，但又那么纯真、柔和、无欲，既是人的起始状态，又是人的极致状态。因此，老子不断地要求一切长大的人，都应该以婴儿作为理想范本。

需要说明的是，这一章的最后，有几个版本中还有二十个字，即"生之畜之，生而不有，为而不恃，长而不宰，是谓玄德"。这些字在后面的第五十一章还会出现，我有一个译本在两处都译了，理由以前说过，老子有可能以重复来强调。但在这一章，六大"考题"很让我着迷，而这二十个字却不是问句，不协调，因此删除了。

第十一章

通过了"考题",又可以从头讲课了。从头,也就是再度从第一章所论述过的基本命题"有"、"无"开始。为什么要再度?因为第一章所说的"无,名天地之始;有,名万物之母"云云,是引入性的整体概念,老子经过前十章的论述,就有可能把基本命题进行具体讲解了。

我们已经习惯,老子一讲具体,大多会用比喻。

原文是——

三十辐,共一毂,当其无,有车之用。

埏埴以为器,当其无,有器之用。

凿户牖以为室,当其无,有室之用。

故有之以为利,无之以为用。

首先他以车做比喻。那时的车,三十根木条连接轴,中间是空的,因此车就可以载人装物了。这车就证明,因为空无,才有用。

接着以陶器做比喻。揉土为器,中间是空的,因此可以储藏东西了。这陶器又证明,因为空无,才有用。

结论是:"有",说起来方便,但要真正有用,靠"无"。

不难看出,这种"因空无才有用"的思想,突破世俗之见,非常深刻。

这种思想,也是他反复讲述的"不争"、"不占"、"不盈"主张的理论基础。

显而易见,老子讲"无",常常与"空"连在一起。他举的例子,无论是车、陶器,还是房舍,都是"空",而不是一般意义上的"无"。这也就为他的"无"做了内涵上的规定,那就有"盈有"的反面,而不是一物无存。

对这个问题,宋代的王安石就曾经提出过异议。王安石认为,"无"为什么有用?因为"有"的存在。如果一味地废"有"而存"无",那就"近于愚也"。(参见王安石《老子注》)

其实老子所说的"无",用现代哲学概念来说,并不是指"存在与否",而是指"存在状态"。也就是说,这个"无",不是指不存在,而是指一种虚无的存在。

这个"无",已经比较接近佛教的"空"了。但是,佛教的"空",在思维范畴上更高更大,因为它已成为世界的起因和本性。所谓"缘起性空"这佛教的四字真谛,便是既揭示了起因(缘起),又揭示了本性(性空)。在这一点上,老子的"空"与佛教的"空"有很大的差别。简单说来,佛教认为世界的本性是空,而老子则认为世界的本性是道。

对于这个问题,老子还会多方拓展。他将让大家进一步明白,他所说的"空"和"无",更多的是指省减、收敛、删弃。

第十二章

老子认为，一个人为了服从天地之道而修身，首先要收敛感官系统。我们刚刚讲过的第十章"天门开阖，能为雌乎？"就是以发问的方式主张，应付外界的感官系统，要柔静、低调、省俭。现在他要专门来讲这个问题了，仍然是以"天门"的几个要素，即视觉、听觉、味觉作为起点话题。

请看原文——

五色令人目盲。
五音令人耳聋。
五味令人口爽。
驰骋畋猎，令人心发狂。
难得之货，令人行妨。
是以圣人为腹不为目，故去彼取此。

在这里，老子用了峻厉的决断之语，让人读了一惊，然后感到痛快。我在《〈老子〉今译》的小序中曾经指出，有些研究者把这些句子的峻厉程度降低了，变成了平稳而庸常的判断，那就离开了老子的语言魅力。

因此,我不主张把"五色令人目盲"翻译成"五颜六色让人目眩",把"五音令人耳聋"翻译成"声音太杂让人听不清",而是希望大家牢记老子原有的句式和语势。因此,我的翻译也就不拉着老人家后退了——

五色令人目盲。
五音令人耳聋。
五味令人口伤。
驰骋打猎令人心狂。
难得之货令人邪想。
因此,圣人只求安饱而不求声色,取舍得当。

锐利的哲人总是会指出某种错误会导致的危机,诚实的向导总会指出迷途的前方是悬崖。看似极而言之,其实是省略了推演过程而直示最坏结果,让人惊醒。固然,五颜六色的极度缤纷不会立即让人目盲,但是,这种状态的持续一定会让人们的视觉敏感渐渐麻木、疲顿。时间一长,不再对色彩有什么敏感,成了在美学意义上的"睁眼瞎"。这种"睁眼瞎",就是老子所说的"目盲"。同样的道理,大轰大嗡的群体噪声和锣鼓喧闹,也会让人们丧失精妙的音乐欣赏能力,成了"另类聋子"。

可见,即使早在老子的时代,人们已经在视听感官上折腾得非常过分,逼得老子只能动用厉言疾句。但是,由于视听感官人人都有又很难把守，所以老子的劝告在民间基本不起作用。我曾经记述过自己在法国巴黎的一段经历，那儿有一位热爱中国文化的学者与我聊天，他反复为精雅的中国文化常常被涂上大红大绿、大金大银的色彩而深表遗憾。他的证据，是世界各地"唐人街"的色彩泛滥，而且他也到过中国内地、香港和台湾地区不少地方。他问：如此聪明的中国人难道不知道，这种艳俗的外表会直接影响一个民族的形象？

由于他把事情说大了，我也不得不回答：早在两千五百多年前，中国的一位思想家就提出过"五色令人目盲"的哲理，这是当时世界上唯一有关色彩的哲学判断。而且，这句话在中国历史上也有实例跟随，那就是，横贯漫长历史的最高艺术形态书法，基本上只以一色完成，而且是最单纯的黑色。

话虽这么说，我心里也不得不承认，这位法国学者的批评并没有错。大概从清代开始，中华民族的集体审美等级，从皇家到民间，都出现了滑坡的现象。自然美、单纯美、简约美渐渐被相反的形态所替代。直到现代，为了特定目的所张罗的所谓"色彩的盛宴"、"音响的盛典"，实在是伤害了人们的视听感官系统。如果大家习惯了，那实在会让两千五百多年前的老子深深长叹。

这一章中的"五味令人口爽"，会使现代读者迷惑，因为在一般口语中的"爽"是指畅快。但在这里，爽的含义是丧失和败坏。"口爽"的含义是味觉败坏，我在翻译时为了与原句对应，用了"口伤"。

另一点，结语所言"圣人为腹不为目"，初一听有点低下，我翻译成"圣人只求安饱而不求声色"，大致回到了老子的原意。也有的研究者在"腹"和"目"上做起了更深的文章，认为"腹"是指一种真实的内在需要，而"目"是指自我的外向张望。林语堂以英文写《老子的智慧》，为了让外国人易于理解，就有类似的解释。

这样引申也未尝不可，但我又觉得老子未必在这两个字中有此种埋伏。如果有，他一定会明白地说出来。

第十三章

　　一个人为了服从天地大道而修身，先是要收敛视听感官系统，接下来就要面对比视听感官更重要的事端了，那就是如何面对世间荣辱。

　　人们总是非常看重荣辱，因此老子就要为此解套，告诉大家，其实身体比荣辱更重要。他总是把最烦心的事情拉回到最质朴的基点。

　　原文是——

宠辱若惊，贵大患若身。
何谓宠辱若惊？宠为下，得之若惊，失之若惊，是谓宠辱若惊。
何谓贵大患若身？吾所以有大患者，为吾有身，及吾无身，吾有何患？
故贵以身为天下，若可寄天下；爱以身为天下，若可托天下。

　　这一章有三大思想重点。

　　第一个重点是"宠辱若惊"。人生在世，很容易把上司对自己的宠辱当作一件大事，受宠时得意扬扬，受辱时一蹶不振，总希望受宠的时间越长越好，受辱之后能够尽快重新得宠，让"宠"为"辱"翻案。这几乎已成为一种人间通例，很多人处于社会底层，很可能不在"宠辱系统"之内，但是，只要听到一个远亲、同窗或曾经的同事得宠，也会兴奋莫名。由谁来宠？当然最好是君主，也包括王族、臣吏、长官、士绅。对这个问题，老子做出了最明快的判断：一个人被"宠"，是一件非常卑下的事情，因此一旦被"宠"就应该惊恐。但是，"宠"随时可失去，失去"宠"，能不能回到得"宠"前的状态？回不去了，因为失"宠"就会受辱、遭祸。所以，"宠"来了，惊恐；"宠"走了，还是惊恐。两番惊恐，都为了一件卑下的事，真是犯不着。

第二个重点是"贵大患若身"。"失宠"，是大患；在老子看来，"得宠"也是大患。这两种大患都要重视，因为背后都隐藏着祸殃。但是，如果"得宠"和"失宠"这两种大患真的来了，后面还跟着因它们而起的其他大患，那该怎么办呢？老子说，既然来了，那就要想一想，这种种大患都是外来的，都不是自身的，我们不应该"患得患失"，而应该看重自身的生命。那些大患不是冲着自己来的吗？如果没有自身，哪来大患？

第三个重点是"以身为天下"。老子从以上两点论述得出结论，天下真正有分量的不是外来的"宠"、"辱"、"患"，而是自身生命。一个人如果能很好地尊重自己的生命，不去折腾外来的一切，反而能推己及人，管理天下。他相信，一个真正珍爱自身生命的人，就能承担很多大事。

这一章的以上三个重点，一看就知道非同小可。老子在综述天地大道的时候插入这么一段"得宠"、"受辱"、"贵身"的精彩讲述，为什么？因为在他看来，世间闹腾得沸沸扬扬的荣辱得失，都与天地大道无关，其中只有自身生命，才是自然生态中的重要一环。所以，他以天地大道的名义，让人看重自身，看轻荣辱。

我有时遐想，不少因"失宠"而面临"大患"的人，常常选择自杀，他们如果能读到老子的这一章，也许会改变主意。请记住，得宠是卑下的，大患是外来的，真正值得珍重的是自身生命，珍爱自己也就能珍爱天下。

请看，天地大道、自然大道，把那些正面名号和负面名号全都一挥而去，只留下了唯一的自然创造，那就是自身生命。事情一下变得简明扼要，真是很好。

说了那么多，还是要把我对这一章的翻译呈现一下——

得宠和受辱都让人惊恐。看重这种惊恐大患，就要比照自身。

为什么宠辱都让人惊恐？因为得宠是卑下的事，得之惊恐，失之惊恐，所以宠辱都是惊恐。

为什么看重这样的大患，就要比照自身？因为由别人的宠辱带来的祸患，落脚点就在自身。没有自身，哪来祸患？

所以，如果能以看重自己的标准去为天下，就可以把天下寄命于他；如果能以珍爱自己的态度去爱天下，就可以把天下托付给他。

历代研究者对这一章的论述中，我觉得宋代范应元《老子道德经古本集注》里把"贵身"与"自然之道"联系得很好。他说："既有此身，则当贵之、爱之，循自然之理。"

明代的释德清在《老子道德经解》中则把"宠为下"说得很透彻：

"宠为下,谓宠乃下贱之事耳。譬如僻幸之人,君爱之以为宠也,虽后酒禽肉必赐之。非此,不见其为宠。……彼无宠者,则傲然而立。以此较之,虽宠实乃辱之甚也,岂非下耶?故曰宠为下。"

他把"得宠",说成"实乃辱之甚也",颇有警示作用,望天下一切"得宠者"明白。他所说的"无宠者",并非指"失宠者",而是指从头与"宠"无关的人,因此能"傲然而立"。原来,"傲然而立"是与"得宠者"比较而来的。

第十四章

老子为了弘道而讲修身，已经触及生活中的很多具体课题。现在，他又要从具体返回整体，继续论述道本身的特征了。

这一章上来就比较抽象和深奥——

视之不见，名曰夷。听之不闻，名曰希。搏之不得，名曰微。此三者不可致诘，故混而为一。其上不皦，其下不昧，绳绳兮不可名，复归于无物。是谓无状之状，无物之象，是谓惚恍。

迎之不见其首，随之不见其后。执古之道，以御今之有。能知古始，是谓道纪。

这段话，整个都在说道的不可名状。老子在说了水的不争、功遂身退、空才有用、五色五音、宠辱若惊等切实命题之后，很担心人们把这一切都看成是"道"本身。世上很多著作都有这个毛病，一举例化解，结果把主旨也化解掉了。老子一定要让人们懂得"道"的抽象性，以及它与具体物象的巨大距离。这是国际上一切大哲学家的思维尊严，总是要在通俗化之后回归不确实、不具象的艰深。

由于原文与今天的读者有较多隔阂，那就不妨省事一点，干脆把我的翻译尽早推出。翻译读起来也有点难，但至少传达出了老子的语势，让大家大致知道他想要说什么——

看它看不见，叫"夷"；听它听不见，叫"希"；摸它摸不着，叫"微"。这三方面，都混而为一，无可追究。它上面不显得光亮，下面也不显得阴暗，渺渺茫茫不可名状，最终归于无物。这就是"无状之状"、"无物之象"，可称之为"恍惚"。

迎着它，看不见它的头；跟着它，看不见它的后。执掌古代，支配今天，又知道万物由来，这就是道的脉流。

老子生动地描述了"道"的基本形态。与世上其他被遵循、被崇拜、被信仰的对象不同，老子肯定了"道"的非神、非形、非象、非文、非体、非定状态，只要比较一下人类古代思想史、宗教史，就会知道肯定这么多"非"实在重要。但是，就在这种不可视听、不可捉摸的情况下，它居然能够"执古之道"、"御今之有"，建立道的纲纪脉流。"道"的神秘和博大，确实被老子说尽了。

道是这样，那么，自古以来善于为道的人又是什么样的呢？

这是下一章所要讲的内容了。

第十五章

道存在于天地宇宙,但在人世间,却存在于得道之人身上。因此,描述"身上之道",是老子必然要进入的课题。

老子说——

古之善为道者,微妙玄通,深不可识。夫唯不可识,故强为之容:

豫兮,若冬涉川;

犹兮,若畏四邻;

俨兮,其若客;

涣兮,其若凌释;

敦兮,其若朴;

旷兮,其若谷;

混兮,其若浊。

孰能浊以静之徐清?

孰能安以动之徐生?

保此道者,不欲盈。

夫唯不盈,故能蔽而新成。

读起来可能还是有一些障碍，但很多读者都能感受到，老子在写这一段时诗情突发。那么一些"兮"，正是诗的节奏递送。我是一个长期从事文学的人，因此一见这样的段落就很高兴，只想立即把它翻译出来。不管是古文还是今文，诗意、诗韵是怎么也遮掩不住的。

我的翻译是——

古时善于为道的人，微妙玄通，深不可识。
正因为不可识，所以只能勉强地来描述：
他们谨慎，像是冬天涉河；
他们警惕，像是提防邻户；
他们端庄，像是在外做客；
他们涣和，像是春冰消除；
他们敦厚，像是未凿之木；
他们旷远，像是深山幽谷；
他们包容，像是大河浑浊。
谁能在浑浊中静下来徐徐澄清？
谁能在安定中动起来慢慢推进？
只需保有此道，不求满盈。
由于不求满盈，虽有弊端也能新成。

我这样的翻译，初一看好像会有现代的诗化发挥，其实是严格按照古代词语的本义来阐释的，因此我也省去了逐字逐句的注解功夫，呈现为一气连贯的通释。我在翻译古文时非常重视这种一气连贯，因为这是古今文气可以相融的印证。

那么，这种让老子诗兴大发的得道之人，是如何得道的呢？他们又是如何来面对道的呢？这是老子接下来要讲述的内容了。因为又与道碰到了一起，所以仍然比较抽象和艰深。

第十六章

其实这一章要论述的，也就是一个层级很高的修炼过程。有不少概念会在修炼中连缀起来，例如"虚"、"复命"、"常"、"明"、"公"、"天"，而到了"天"，也就到了"道"。

概念一多，就像沿途出现了很多深井，需要不断停步了。历代研究者在这一章好像也伤了不少脑筋。那么，我们不妨从头清理一下。请先看原文——

致虚极，守静笃。

万物并作，吾以观复。

夫物芸芸，各复归其根。归根曰静，静曰复命。复命曰常，知常曰明。不知常，妄作凶。

知常容，容乃公，公乃全，全乃天，天乃道，道乃久，没身不殆。

这么多概念，我们一个个来对付吧。好在老子本人已经声明"名可名，非常名"，我们也就可以简略一点。

先说"致虚极，守静笃"。这六个字，核心是"虚"、"静"两字。"致"、"守"是动词，义为导致和守护。"极"和"笃"是指"虚"与

"静"的极致状态、纯正状态。连在一起，意为：导致和守护真正的虚与静。

既然如此，我们就要认真面对"虚"和"静"这两个字了。

"虚"，指心境空明，它的对立面是"实"，那就是还没有被实利所干扰的境界。

"静"，指心无波澜，它的对立面是"动"，那就是还没有被躁动所干扰的状态。

两个字加在一起，也就是说，虚静之心，是尚未被内外因素所掺杂、所迁移的"本心"。用现在的话说，也就是纯净无染的本体生命。

世上的人和物，是不是都会回归本心呢？如果说，回归本心可以概括成一个字"复"，那么，我们是不是经常看到"复"呢？

老子说："万物并作，吾以观复。"也就是说，在万物并作的热闹中，我们的任务就是去观察"复"，看看哪些有可能回归本心。这个任务，就可以简称为"观复"。

观察的结果是：万物纷纭，但各自都有可能回到自己的根本。一旦回到本性，就会拥有安静，在安静之中，渐渐恢复本性。

这就是说，"观复"是能够做到的。

不仅如此，只要"观"到了本性回归之"复"，随之而来就会逐一呈现一系列积极的状况。例如：一旦本性开始复归，人们就会从偏仄走向知常；一旦知常，就会心明；一旦心明，就会包容；一旦包容，就会公平；一旦公平，就会周全；一旦周全，就能面对上天；只要面对上天，也就是合上了道；合上了道，就能长久，没有危亡。

这中间，老子又随手指点了一个症结：如果在本性有可能复归的当口上仍然不能知常，那就有麻烦。

经过上面这一番连缀式的疏通，我的翻译也就比较容易理解了。需要说明的是，这个译本与我以前发表的译本有了词句上的一些差异。我的翻译如下——

引导心灵虚寂，
守得心境安静。
万物活跃，
我观察它们如何回复本性。
万物纷纭，
终究会返归自身根本。
归根就会安静，
归根就是"复命"，
"命"就是本性。
"复命"就会知常，
知常就会心明。
不知常而异动，
那就会遭凶。
知常就能包容；
包容就能大公；
大公就能天下归从；
天下归从，就合乎天；
合乎天，也合乎道；

合乎道，才能长久，终身不殆。

综观这一章的概念丛林，最夺目的还是"虚"、"静"、"复命"三项。而这三项，又紧紧粘连。"虚"、"静"，是不受外界掺杂的本心状态，"复命"就是要复归这种状态。说到后来，老子又指出，只有这种复归了的本心，才符合天道。这样，修炼本心也就是问鼎天道。老子又把曲折的论述一把拉回到了他的主旨：道。

说到这里，老子的本意已经很明确，那就是：世人要学道、遵道、寻道，不必听那么多，读那么多，只需在自己身上下功夫。但这功夫不是做加法，而是做减法。减去外在功利异动，坚持虚、静之路，回归自身本性，道就在眼前，就在自己身上了。

这里顺便说一件与这一章有关的学术小事。宋代苏辙在《老子解》中解释"复命"时说："命者，性之妙也。性犹可言，至于命，则不可言矣。"同代学者范应元批评说："读老氏此经，惟言心，未尝言性，而子由注此经，屡言性，何也？"（见《老子道德经古本集注》）简单说来，是该说"本心"，还是"本性"？我觉得后人注释前人，完全有理由运用自己时代的分析语言，这是晚于老子一千六百多年的苏辙的权利。而且，"本性"的说法，在春秋战国时代也已出现。"本性"在概念范畴上比"本心"更大，也完全符合老子的原意，因此我在翻译中也特地加了"命就是本性"一句，以示对苏辙的支持。更何况，我喜欢的苏东坡的"明月几时有"，就是怀念这位弟弟的。范应元一提"子由"，让我想了起来。当然，苏辙的《老子解》，也真写得不错。

第十七章

讲了人如何在修炼中复归虚静本性,接下来,老子又要结合实际,谈谈如何让统治者复归虚静本性了。

统治本是热闹的事,少不了排场礼仪、前呼后拥、高声传扬。如果虚、静,是不是违背了职业本性?但老子的思想力度,专门向着那些似乎啃不动的角落施展。这种以极度明晰对付极度抵拒的柔性攻坚方式,成就了他作为一个世界级思想家的身份。

这一章的开头两个字是"太上",需要解释一下。老子后来被道教奉为教主,叫"太上老君",宫廷里也有"太上皇"的说法,容易让人一上眼就产生联想。其实老子在这里用这两个字的意思很普通,指的是"最上",也就是在等级排列中处于至高地位。历来很多研究者都会在这两个字上稍作停留,但阐释的意思完全一致:最上、最好、至高、最善等等。简简单单两个字为什么会花那么多笔墨?原因只是,研究者们都非常看重这个等级排列。

现在就要看看老子是怎么排列的了——

太上,不知有之;

其次,亲而誉之;

其次，畏之；

其次，侮之。

信不足焉，有不信焉。

悠兮其贵言。功成事遂，百姓皆谓：我自然。

这是老子对统治等级排列，标准仍以虚静为贵。且翻译如下——

最好的统治，人们感觉不到它的存在；

其次，人们给予亲近和称赞；

再次，人们产生畏惧；

更次，人们给予轻蔑。

既然不足以信任，人们就不予以信任。

最好的统治是那样悠闲，很少言语，事已办成。百姓都说：我们自然而成。

最后一句，"功成事遂，百姓皆谓：我自然"，也就是百姓认为世上任何功业都是我们自然而成的。这个归结有两方面值得注意：一是百姓认为事情是自然而成的，不存任何不自然的方略和作为；二是百姓认为这是我们自己的事，也就是与统治者关系不大。这后面一点，就直接呼应了全段的第一句话："太上，不知有之"——最好的统治让人们感觉不到。

能够"功成事遂"，统治者可能会有功劳，但从来没让人看出来，致使百姓认为是他们自然而成的。这个结果，老子赞许。

怎么才能让人们感觉不到呢？老子认为，最好的统治者应该"悠兮其贵言"。悠兮，是指悠然、悠闲的状态，要达到这种状态，重要条件是"贵言"。宋元之际的学者吴澄在《道德真经注》里说："贵，宝重也。然，如此也。宝重其言，不肯轻易出口。"现代学者陈鼓应说："贵言，形容不轻于发号施令。"

一头一尾都是在讲最好的统治者，可见这是老子"虚静统治"的范型。至于第二、第三、第四等级，他都是一句带过。

其实，第二等级需要略加重视。因为百姓对他们既亲近又赞誉，是令人满意的好君主。如果有史书评述，也会被列为"明君"、"良治"而倍加推崇，但老子却把他们列入"其次"之位。

老子认为，不见痕迹的虚静统治，才是最高等级的统治方式。对于这个复杂问题，我们仍然可以用老子对水的比喻来说明。

水的灌溉是一件好事，人们总是赞誉有加，但是，最好的灌溉是什么样的呢？是春河开闸吗？是祭仪求雨吗？这些当然也无可厚非，但最终的灌溉一定是"润物细无声"。只见满山竹树，满谷繁花，却没有灌溉的痕迹。树，觉得是自己这么苍翠的；花，觉得是自己这么灿烂的。这就符合了老子的自然之道。如果以此来看统治等级，也就可以明白至高等级是怎么划出来的了。

第三等级的"畏之"，大多出于所谓"威权之力"，出于"人不畏之我必畏之"的统治逻辑。其实，这是以强者面目出现的弱者统治，迟早会陷入内外交困的境地。

最低等级老子只用了"侮之"两字，指的是轻蔑、鄙视、瞧不起。人们觉得不堪信任，因此不予信任。然而遗憾的是，处于这一等级的统治者往往自己感觉不到，因为他们早已不知真相、不听真言，这就使百姓放弃了对他们的最后一丝体谅和怜悯，只剩下"侮之"了。

我相信历史上一切统治者都会读《老子》，因此也会在这个排列前反复思考。可以肯定，他们都力图避免"侮之"，而争取在第二、第三等级间调整比例，却几乎没有一个人会考虑最高等级，因为做不到。在他们面前，老子很难跨越，特别是这一面坡，几乎爬不上去。

本来，哲学家的政治思考总是寂寞的。老子早已知道会是这样，因而他只管自己说，却不与统治者讨论。

第十八章

　　虚静的心境是一个修炼的目标。在日常生活中，这个目标可以提示世人：很多执着的追求和努力，效果适得其反。

　　在以后的论述中，老子要花费不少篇幅来呈示种种适得其反。呈示的目的，就是劝导人们返归虚静的本性。只要不虚静，怎么张扬都会走到反面。

　　这一章只有二十六个字，但在中国文化史上却影响巨大，因为它讲的全是"反话"，摇撼了人们的习惯思维。

　　寻常社会的约定俗成，往往会产生相反的结果。但大家常常因为已经习惯而继续努力，不愿意去考虑深层的逆反结构了。

　　指出约定俗成背后的恼人奥秘，这是顶级哲学家的使命。但是，哲学家未必是社会改革家，他们在指出背后奥秘之后并不要求人们改弦易辙，走相反的路。如果这样，他们就有点浅薄了。他们只希望人们建立另类思考，构建立体思维，使人类真正成熟。

　　老子指出在约定俗成背后的逆反结构，直到两千多年后的二十世纪，才有西方现代派哲学家和艺术家去触摸。一触摸他们就十分惊恐，称这种逆反结构让人"恶心"。因此，"恶心"也成为现代派里的一个重要概念。"恶心"是一种不可接受又不得不接受的复杂状态，来衬托人类生存的灰色无奈。老子所揭示的逆反结构，也包含着不可接受又不得不接受的无奈。这位年纪太老的"现代派"实在是走在人类思维的最前沿，让当代思考者不得不面对鸿蒙的历史烟尘深表敬意。

老子的这二十六个字是这样说的——

大道废，有仁义；
智慧出，有大伪；
六亲不和，有孝慈；
国家昏乱，有忠臣。

几乎用不着翻译。但是如果要强调相反相成的因果关系，可以用更简明的现代句式：

大道废弛，才倡道义；
智巧出现，才有大伪；
家庭不和，才倡孝慈；
国家昏乱，才有忠臣。

不错，老子对于世间所倡导的很多基本道德观念，例如仁义、智慧、亲情、忠臣，都有点轻视和调侃，但是，并不是要否定它们。很多研究者认为老子对它们做出了"尖锐的否定"，"提前揭露了儒家理念的虚假性"。我认为这样的看法是不对的，不符合老子的原意。

不妨举一些类似的例子。我们如果说，"病疫流行，产生名医"，

"因为饥饿，便知美味"，难道是在否定和揭露名医与美味吗？当然不是。名医和美味都要尊重，只不过，按照老子的逻辑，它们不是天颁神授，通体光明，而是灾难和困厄的结果。

老子认为，很多冠冕堂皇的观念、教条、口号，都出自人类的困境。之所以一直在重复，正证明那些困境还没有过去，或者即将卷土重来。"好"来自"坏"，包含着"坏"，期待着"坏"。而且，有的"好"还会立即滋生出"坏"，例如"智慧出，有大伪"。

这样一来，因果长链接通了，人们也就很难通过"单向封断"而自我骄纵了，更不会以为那些响亮理念是某些圣人和君主"发明"的了。

例如，在老子以后，汉、唐之初都出现过推崇黄老思想让人们"休养生息"的政策，实际效果很好。但是，必须明白，这是在长期战乱之后民生凋敝的可怕景象带来的"无奈之举"，而不是出于哪几个皇帝的"好心"。说近一点，徽州的学术和美食九州闻名，这也不是那个地方特别好，或者哪些官员特别英明，而是因为极端贫困。民谚"前世不修，生在徽州"，道尽了曾经的破败。因为破败，就有人外出谋生，渐渐出现了"徽商"的队伍。同样，我曾经在《抱愧山西》中写过的富可敌国的晋商，也是因为家乡过不下去了，才擦泪"走西口"，而当他们走出一条发达之路以后，灾祸又等着他们。

因此，我一直反对很多地方自吹"人杰地灵"，一说"乡愁"就狂妄排他的行为。他们所说的"传统"，都是"顺向因果"，例如因为古代"某某公"重视教育，所以人才辈出。其实，真正强大的是"逆向因果"。老子哲学的重大成果之一，就是对"逆向因果"的揭示。

其实，很多"顺向因果"的内核，还是"逆向因果"。例如日夜更替、四季轮转，看上去是"顺向因果"，但不能忘了，黑暗是对光明的否定，严寒是对酷暑的报复。

老子对"逆向因果"的揭示，是要人们认知天地大道的平衡系统，不要沉迷在自得、自满、自信、自欺的井窟中而窃窃自喜。老子幽默地指出，那些正面名号，完全可以用负面含义来表达。而且，这里还存在着一个特殊的比例关系：正面名号越大，负面含义也越大。

老子建立了正面名号和负面含义之间的"逆向因果"，并不是要取消正面名号，只是劝诫人们不要在正面名号上过于夸张，过于得意，过于陶醉。既然"来龙"和"去脉"都是负面的，自身里边也潜伏着负面，那又有什么好得意的呢？

如果能好好收敛一下，重新返回虚静的心境，那就有可能再度听到天地大道的声音。天地大道不喧不闹，不卑不骄，把所有的正面、负面、顺向、逆向全都轻轻地收罗在一起，以自然的步伐悠然行进。

第十九章

这一章仍然讲"逆向因果"。老子觉得这个问题很重要,有必要继续冲击一下社会上流行的正面名号,进一步向大道靠近。

原文是——

绝圣弃智,民利百倍;
绝仁弃义,民复孝慈;
绝巧弃利,盗贼无有。
此三者以为文,不足。
故令有所属:
见素抱朴,少私寡欲,绝学无忧。

对于这段话,不少人会有接受上的障碍。其实,不接受不要紧,要紧的是先要明白老子的原意。

我的翻译如下——

抛弃了圣智,人民有百倍好处;
抛弃了仁义,孝慈就可以恢复;

抛弃了巧利，盗贼也能够消除。

圣智、仁义、巧利这三项，都文饰过度，成事不足。

所以，要让人另有归属。

那就是：见素抱朴，少私寡欲，抛弃学问，无忧无虑。

要让这段翻译保持韵脚不容易，我总算做到了。

重要的是意思。老子认为，社会上对圣智、仁义、巧利这三项，实在是过于渲染、过于张扬了。他把这种渲染和张扬用一个"文"字来概括，我采用"文"的原始含义翻译成了"文饰"。他所说的"圣智"，既可理解为"圣人之智"，也可理解为"自圣之智"，也就是自以为无比高超的聪明。这里应该更靠近后一种理解，因此我在以前的译本中翻译成"智谋"。

对于过度的渲染、张扬、文饰，该怎么办？一般地说，应该劝其收敛。但老子觉得劝说无效，因而要极而言之，宣告如果彻底抛弃这一切，社会反而更好。在这里，老子反复地用了"绝"、"弃"两字，表示这是一种推到极端的话语方式。其实这也是哲学论辩的一个特点，那就是把事情推到终点，进行"极端试验"。在后来的科学实验中，这种方式更是经常出现。

"极端试验"的极端方式，一般不会在生活中采用，因此，老子所说的"绝圣弃智"、"绝仁弃义"、"绝巧弃利"，也不会真正去做。他只是设想，如果没有那么多人滔滔不绝地讲圣智、讲仁义、讲巧利，事情将会怎么样？他的结论，给那些讲圣智、讲仁义、讲巧利的人，泼了一盆冷水。

这盆冷水的逻辑基础，就是我在前面讲的"逆向因果"。因为成天渲染圣智，民众的利益被剥夺了；因为成天张扬仁义，家庭的亲情被损害了；因为成天玩弄巧利，盗贼的欲望也被激发了。

老子永远在嘲笑那种天真又虚假的"顺向因果"。难道，不断宣教圣智，民众就有智慧了吗？难道，不断宣教仁义，家庭就幸福了吗？难道，不断宣教巧利，社会就安全了吗？事实永远证明，一切都会反着来。

那该怎么办？老子提供了十二字方针，那就是："见素抱朴，少私寡欲，绝学无忧。"

"见素抱朴"，也就是只着眼于无染本色，只抱持朴实本质。最简单的意思，可由常用词"朴素"两字来概括。但是老子所说的"朴素"不是形容词，而是人生基调。

"少私寡欲"的意思很明白。如果联想上面所讲的三项，那也就是说，无论是宣扬圣智、仁义，还是巧利，都出于私欲。因私欲而大讲正面理念，结果全是反面结果。宣讲的人也知道其中包含虚假，也知道会产生反面结果，但还是继续宣讲，那就是私欲在作祟。他们如果能够"少私寡欲"，这种种"逆向因果"就不会如此折腾人间。

"绝学无忧"就有点麻烦了。因为明确地提出了"绝学"，与普遍文明意义上的教学、求学、学问、学业有违。因而，随之出现了几种解释。第一种，认为老子要绝之学，就是前面所说的圣智之学、仁义之学、巧利之学。第二种，以明清之际的学者傅山为代表，他在《读老子》中说，老子这里所说的"绝学"之"绝"，是沿用了"绝河"之义，也就是渡过了江河而没有沉没。我很尊重傅山，也知道中国古文词里的"绝"确有横渡一义，例如荀子《劝学篇》里所说的"假舟楫"、"绝江河"，但在这里我无法赞同他。从文气、语势来看，老子所说的"绝学无忧"，并没有渡过书海而不沉没的意思。他所说的"绝"，是一般意义上的"绝"，也就是拒绝、断绝、阻绝。

那么，是不是要回到第一种解释，认为他所谓的"绝学"是专指那些应该警惕的圣智之学、仁义之学、巧利之学呢？我认为这又把范围缩小了。老子除了以上这三种之外，对其他学业也是存疑的。在他看来，世间之学已经被这三种学所霸占，它们已成为显学、主学、扛鼎之学。因此，他不得不对整个"学"都有点蔑视了。我想，只要感受过学界空洞显耀、聒噪不已的风气，都会或多或少地认同老子"绝学无忧"的说法，但在认同之后又会犹豫，"绝学"两字，是不是用得过分了？

是有一点过分。老子对于大道之外的种种学问都不太喜欢，因此也没有耐心辨别，有些学问也可能是大道的伸发。而且，大道的范围漫无边际，应该容得下更多的思维、更多的专业。老人家显然是被毕生所见的那些"学人"搞烦了，觉得只有与他们绝交，才能消除忧虑。

我们主张要清理"学"、选择"学"、汰洗"学"，而不是断然"绝学"。如果真"绝学"了，真能"无忧"吗？对此，近代启蒙思想家严复在《侯官严氏评点老子》中就提出了批评。他认为，"绝学无忧"的说法，有一点像非洲鸵鸟，埋头于沙，看不到忧了，却不是真正无忧。

严复是对的，但立足点有所不同。严复处于一个世界学识缤纷涌现而很多中国人却闭目塞听的时代，因此觉得他们不能以老子的"绝学无忧"来做挡箭牌。老子遇到的情况却完全不同,喧闹的"学口"把朴素的大道遮盖了。面对那么些智叟、学人,他宁肯要本真的人、醇厚的人、自然状态的人。

老子的思想,以苍茫、原始的天地作为背景,因此即使包含着人类早期常有的偏颇,也仍然不失宏伟、浩大。我读到过不少以"阶级论"来框范老子的论著,那实在是委屈他了。例如,针对这一章,有的著作说:作为人民利益的真诚捍卫者,老子反对中国古代统治阶级的一切文化,他要人们同这种文化隔绝。是这样吗?我想不必评述了。

第二十章

　　老子以大道的高度揭穿了很多流行观念的反面效果，这是很多人不大愿意听的，因此他的内心很孤独。他看到很多眉眼、很多犹疑，也看到人们的很多畏惧。加在一起，他感受到一种无比的荒凉。

　　在孤独和荒凉中仍要坚持，因为他心中有道。

　　想到自己的处境和心境，老子又产生了写诗的意愿。因此，这一章很特别，是他诗化的自述。

　　先读原文——

唯之与阿，相去几何？美之与恶，相去若何？
人之所畏，不可不畏。
荒兮，其未央哉！
众人熙熙，如享太牢，如春登台。
我独泊兮，其未兆。
沌沌兮，如婴儿之未孩。
儽儽兮，若无所归。
众人皆有余，而我独若遗，我愚人之心也哉。
俗人昭昭，我独昏昏。

俗人察察，我独闷闷。

众人皆有以，而我独顽且鄙。

我独异于人，而贵食母。

老子心在大道，笔下无情，很少看到他如此陈述自己的处境和心境。一个不习惯抒情的人偶尔露情，一个不在乎个体的人突然述己，这就是让人分外感动的原因。

那我要急着翻译了——

允诺与应付，相差多少？善良与丑恶，如何区分？

——只是别人所畏怯的，也不能不畏怯几分。

人心的荒芜，没有止境。

众人都那么高兴，好像在享用盛宴，又像在向春台攀登。

我却如此淡泊，像一个还不会言语的婴儿，混沌疲顿，无处归停。

众人都有富余，而我独自匮乏，只有愚人之心。

世人那么光鲜，而我独自昏昏。

世人那么明晰，而我独自闷闷。

众人各有一套，而我独自拙笨。

然而，我偏要与众不同，只把道作为母亲。

不从众，不合流，守纯真，守拙笨。这是老子的自我写照，却又将这样一个自己处处与众人相比，与世人对峙，结果就有了如屈原般的诗情。或者说，后起的屈原也领受了他的这种心境。

但是，老子的这个"我"，又是一切得道之人的群像。从大道的角度领悟世间种种虚假和逆反，已经不容易，但是如果要让这种领悟变成自己的实际生态，那就更艰难了。这等于把理论上的界限变成了行为上的约束，把学术上的宣告变成了人世间的表情，结果可想而知。高超的理论受到孤立是一种骄傲，但是，在人世间的这种孤立却是一种危难。所以老子在这一章等于预告了得道之人有可能遇到的处处坎坷，于是也把道做了生态化的演示。正因为这样，他随之表达了一个心愿：他与其他真正得道之人，愿意为道而认祖归宗，愿意为道而奉献自己，就像终身服侍母亲。

文中最后的三个字"贵食母"，其意为"以这位母亲为至贵至尊"。"食母"，在《礼记·内则》里的意思是"乳母"，扩大含义为"养育我的母亲"。道养育了我，我就要把它看得像母亲一般至贵至尊。这个结尾表明，一切得道之人因为具有了这种认母情怀，所以对一切与众人分裂的麻烦也就变得心甘情愿。

第二十一章

做了一番诗情表述之后,老子就要进一步来描述"道"这位虚无缥缈的"母亲"了。

既然被比作"母亲",应该很有德行,那么,这种有德行的"道",大概是什么模样的呢?

老子说——

孔德之容,唯道是从。

道之为物,唯恍唯惚。惚兮恍兮,其中有象;恍兮惚兮,其中有物。

窈兮冥兮,其中有精;其精甚真,其中有信。

自今及古,其名不去,以阅众甫。

吾何以知众甫之状哉?以此。

老子在这一章已经不写诗了,但刚才的诗情还没有断,你看那么些个"兮",还往返重复。

我的翻译是——

大德的相貌，与道相应。

道这个东西，恍惚不定。

恍惚之中，有形有象；

恍惚之中，有物为证。

深远黯昧，蕴含精气；

精气甚真，最为可信。

自古至今，不失其名。

有它认知，万物起因。

我怎么知道万物起因？以道为因。

有几个名词要说明一下。

"孔德"，就是大德，这比较明白。比较复杂的是那个"精"字，历来解释很多。按照庄子《秋水》的说法，"夫精，小之微也"。因此有人理解为最微小之质，也就称之为"精质"。严灵峰则解释为"精力"，林语堂在英译时翻译成"生命力"。我倒是比较靠近朱谦之在《老子校释》中所引用的管子的说法："精，气之极也。"因此翻译成了"精气"。微小之质流动成了一种"精粹之气"，或曰"气之精粹"。当然，扩而大之，这种精粹之气也就构成了"生命力"。

还需要解释一下"众甫"。俞樾在《诸子平议》中做了文字学的解释，说"甫"字与"父"字相通，因此"众甫"就是"众父"。一切事物的父亲，那就是造物之始。王弼在《道德真经注》中说："众甫，物之始也。"那么，老子文中的"以知众甫"，也就是"探究万物起始"。我为了押韵，翻译成了万物起因。

第二十二章

描述了"道"的神秘相貌后,老子又要进一步展示道的"逆向因果"结构。道的相貌恍恍惚惚,重要原因就是里边埋藏着很多"逆向因果"结构,让人看不真、摸不着、说不准。得道的人面对这种恍惚状态,该怎么做呢?老子提出了建议。

这一章的原文如下——

曲则全,枉则直,洼则盈,敝则新,少则得,多则惑。

是以圣人抱一为天下式。

不自见,故明;

不自是,故彰;

不自伐,故有功;

不自矜,故长。

夫唯不争,故天下莫能与之争。

古之所谓"曲则全"者,岂虚言哉,诚全而归之。

在这一章里,老子一下子公布了整整十个"逆向因果"结构,排出了一种气势。哪十个?请看:

一、"曲则全"——委曲反能全身；

二、"枉则直"——屈躬反能直伸；

三、"洼则盈"——低洼反能充盈；

四、"敝则新"——敝旧反能出新；

五、"少则得"——因少反能获得；

六、"多则惑"——因多反会迷顿；

七、"不自见，故明"——不亲眼所见，所以清晰；

八、"不自是，故彰"——不自以为是，所以彰明；

九、"不自伐，故有功"——不自我夸耀，所以显功；

十、"不自矜，故长"——不自我矜持，所以长存。

这十条，在老子的言论中非常著名。中国人记住了它们，原因之一是逆向转折既醒目又刺激，不能不让人一见就入心；原因之二是简短好记，读一遍就很难忘却。

整整记了两千多年，其间又有不少学者讲解、阐释、引用，结果就到了非常普及的程度。因此，今天就不必告诉中国读者，为什么"曲则全"、"枉则直"，为什么"少则多"、"多则惑"，大家早已明白。老子这是改变了一个民族的深层思维，实在贡献不小。

第七条的"不自见，故明"，对一般人来说也许会有理解上的顿挫，后来一想也可以明白。原来中国民间有"耳听为虚、眼见为实"的信条，但是如果稍稍进入深层思维，就会发现"眼见"、"自见"很不可靠。例如，我们对几百年前一些朝廷争斗的基本逻辑，一定比"眼见"、"自见"的当时人更加明白。以此类推，比比皆是。

然而，虽然已经普及两千多年，但是不管哪个时代还是有大量的人存在两套心思。一套心思是觉得老子说得不错，另一套心思却仍然一味追求无曲之全、无枉之直、无洼之盈、无敝之新，仍然刻意自足、自夸、自矜。他们觉得，老子的话未必会在自己身上显灵，"逆向因果"未必会在自己眼前变真。

正因为这样，就需要有人向他们做出示范了。这就是老子所说的"圣人抱一为天下式"。"一"是指道，"抱一"就是守道。"天下式"就是天下范式、社会榜样。

那么，为天下树立什么范式呢？还是第八章讲水的时候表达过的逻辑，只是更完整了："夫唯不争，故天下莫能与之争。"

这一章的思维相当完整。

第二十三章

要成为事事"不争"的求道之人,当然很难。但是,老子告诉大家:你在求道,道也在等你,只要坚持,完全有可能成为"同于道"的人。

这段鼓舞信心的话是这样说的——

希言自然。

故飘风不终朝,骤雨不终日。孰为此者?天地。天地尚不能久,而况于人乎?故从事于道者,同于道;德者,同于德;失者,同于失。同于道者,道亦乐得之;同于德者,德亦乐得之;同于失者,失亦乐得之。

信不足焉,有不信焉。

我们在前面说道时,常说"天地大道",但老子在这里要说明,天地也是由道控制的。天地会出现狂风骤雨,就像君主会施行恶政暴行,但大道不会任其如此。因此,天地也不会持续它的风雨,更何况人呢?人,就在道的掌控之下,因此要力求与道同步,道也一直准备着欢迎。

我对这一章的翻译如下——

少说话，合乎自然。

你看，狂风刮不到一早晨，暴雨下不了一整天。谁决定的？天地。天地的狂暴尚不能持久，何况是人？

所以求道的人，与道相同；求德的人，与德相同；失去道德的人，与失去相同。

与道相同的人，道也乐于拥有他；与德相同的人，德也乐于拥有他；与失相同的人，失也乐于拥有他。

这段话，具有境界很高的文学品性。

在老子笔下，道，威严到无与伦比，又亲切到无与伦比。

说威严，天地间的狂风暴雨，也必须顺道而终止；说亲切，它却可以拥抱每一个希望得道的人。

他说，向道之人，便同于道；向德之人，便同于德。而且，道也乐于接纳这样的人，德也乐于接纳这样的人。这样，他就把道、德放到了常人能接触、能交往、能成为朋友的亲切地位。顺便老子又幽默地说，对于失去道德的人，"失"也乐于接纳他们。总之，你向着什么，什么就来了，而且都来得非常快乐。

在这么亲和的气氛中，又会让人反过来想到，同样是道，却能喝止天地的暴风雨。两相对照，道，刚极柔极、雄极顺极，实在是一种辽阔无比的存在。

正因为这样，什么话都不必多说，那才合乎自然。这就是这一章开头四个字："希言自然。"

这一章的最后，还有"信不足焉，有不信焉"八个字。但这已经在第十七章出现过，而且放在这里也文气不顺，因此我没有翻译。

第二十四章

在原理上,道,人人都能进入,也乐于接纳有意之人。但在实际上,总有很多人无法进入。因为,他们身上有不少固执的毛病。老子又要用"逆向因果"的提示,告诉他们这些毛病的结果,并特别指出,这些毛病尽管他们自己还当作优势,在道看来只是令人厌恶的累赘之物。

原文是——

企者不立;

跨者不行;

自见者不明;

自是者不彰;

自伐者无功;

自矜者不长。

其在道也,曰余食赘形,物或恶之。故有道者不处。

前面五个"不",一个"无",对老子来说是再度论述、重复强调。为什么要重复强调?因为他在设想,如果把这些"企者"、"跨者"、"自见者"、"自是者"、"自伐者"、"自矜者"放在道的前面,道会怎么看待他们。

　　道说,这些人的种种作为,是"余食赘形,物或恶之"。那就很不客气了,认为是厨余泔污,令人厌恶,有道的人不会与之相处。

　　那就可以展示我的翻译了——

　　踮脚的人,反而立不住;
　　跨越的人,反而行不通;
　　自见的人,反而不清晰;
　　自傲的人,反而不彰明;
　　自夸的人,反而失其功;
　　自矜的人,反而难长存。
　　以道来看,这些都是剩食、赘余,人人厌恶。有道的人,不这么做。

第二十五章

老子有一个习惯，大家在前面已经多次看到，那就是，只要分析了社会实相，就忍不住又要回头瞻仰一次道的神秘形貌。现在，讲了两章具体的"逆向因果"，他又要顺着第二十一章已经开始在做的事，描述道的形态。

原文是：

有物混成，先天地生。寂兮寥兮，独立而不改，周行而不殆，可以为天地母。吾不知其名，强字之曰道，强为之名曰大。大曰逝，逝曰远，远曰反。

故道大，天大，地大，人亦大。域中有四大，而人居其一焉。

人法地，地法天，天法道，道法自然。

老子很有趣，已经讲了那么多遍道，现在却突然要采用"陌生化效果"，说有一种东西，"吾不知其名"，其实还是在说道。但是，由于故意拉开了距离，故意装作不认识，就会产生一种更客观，也更宏观的逼视。

由此可知，老子为了让大家了解道，用了各种各样的角度，站在前后左右的方位，近顾远眺，构成了一种哲学意义上的全方位包围。

我的翻译是——

有一个东西浑然而成，先于天地，无声无形，独立不改，周行不停，是天下万物之本。

我不知道它的名字，那就称为"道"吧，也可以勉强叫作"大"。"大"会远行，因此又称"远"；"远"会返回，因此又称"反"。

所以，道大，天大，地大，人也大。寰宇间有这四大，人居其一。它们之间，人取法地，地取法天，天取法道，道取法自然。

正因为是拉开了距离来看，老子向人们展示了一个鸿蒙无际的哲学图像。他自己对这个图像，也保持着一种近似于"突临海天"的"初识之感"。

他早就说过：名，说得清楚的就不是真正的名。因此，就连为道命名都不较真，说是"强字之曰道"，勉强采用而已。不仅如此，他又为道取了一些别名，例如"大"、"远"、"反"。但是在取这些别名的时候，他又讲了取的理由，其实也揭示了道的特点，那就是体量大，传得远，能返回。

凭着一个"大"字，他又把天、地、人、道全都拉在一起了，因为这些都是"大存在"。但是，这些"大存在"之间的关系如何呢？老子便揭示了一个师承长链。这就是四层效法关系，在历代中国学术文化界深入人心：

人法地，
地法天，
天法道，
道法自然。

这就是说，人的老师是地，地的老师是天，天的老师是道，道的老师是自然。

或者换一种说法，人是土地之子，土地是天的下属，天地都要服从道，而道所依从的，则是自然。

最本原的，还是自然。

在这么一个长链中，道的地位很关键。虽然它依从自然，却又提炼了自然，激活了自然。天和地，则是自然的两大主角。我们在说道的时候，如果靠前，就说"天地之道"；如果靠后，就说"自然之道"，都可以。

第二十六章

扫描了整体,按照老子的节奏,他又要面对具体了。他像一个音乐指挥,不会在一个音区停留太久。上下高低,频繁变换,每次变换都有推进。

我们记得,老子在前面几度推崇虚静心态。在这一章,他会从另一个角度说明:虚静不能滑向轻浮,而应该保持几分厚重。对于居于高位的君主来说,这一点更加重要。

原文是——

重为轻根,静为躁君。

是以君子终日行不离辎重。虽有荣观,燕处超然。奈何万乘之主,而以身轻天下?

轻则失根,躁则失君。

这段话的首句"重为轻根"容易理解,接下去的"静为躁君"稍有费解。我把它们翻译成两个对称的现代格言,读起来就比较明白:"重是轻的根本,静是动的主人。"

弄明白了这两句,也就可以顺便把最后两句也一起收拾,几乎不必再翻译："轻则失根，躁则失君。"这里的"君"，仍然是指"主人"，"失君"是指失去主宰。我不赞成蒋锡昌的《老子校诂》把这个"君"解释成"人君"，随之又把"失君"解释为"失为君之道"。"君"在这里，是一个比喻性的词。

比较麻烦的是中间这句："是以君子终日行不离辎重。"有"是以"二字，可见与上句有连带关系，但上句怎么会连带出"辎重"呢？有点奇怪。这种奇怪，很多研究者也看到了，他们从笔误、刻误的角度做了各种猜想。既然上句那么强调"重"和"静"，那么，"辎重"的原文很可能是"静重"。但也有说法，可能是"轻重"，意思是君子终日行路离不开掂量"轻重"。由于繁体字的"轻"（輕）与"辎"在字形上很接近，都以"车"为左旁，而右边又都有三折，所以产生笔误。

我觉得，这些猜想，过于缠绕，又缺少凭据，难于采信。我虽然也觉得"辎重"的出现有点突兀，但毕竟也可以做这样的理解：对君子而言，最不应该轻率、轻浮，而必须持重、倚重。你看他们即使在路上也离不开载重的车辆，说明他们时时要有所倚重。这说起来有点费力，但在还没有看到更好的解释前，先就这样吧。而且，"辎重"与下文的"荣观"也算能够联系起来。

在这之后，老子发出了一句重重的感叹，而目标倒真是君主了："奈何万乘之主，而以身轻天下？""万乘之主"当然是指大国之王，万乘，指拥有浩浩荡荡的马匹车辆的大国。这么多"辎重"加在一起，也算够"重"的了吧，却为什么又会如此之"轻"，轻率地来面对天下呢？

"以身轻天下"是一个峻厉的论断。那么，也就是说，作为君王，如果自己轻浮了，连天下也会轻浮。

　　这就引起了历代研究者较多的言论。例如，西汉时期的老子研究家河上公说："王者至尊，而以其身行轻躁乎，疾时王奢恣轻淫也。"苏东坡的弟弟苏辙也说了："人主以身任天下，而轻其身，则不足以任天下矣。"但我觉得他们都没有把"以身轻天下"这五个字讲清楚。一个人居然能"以身轻天下"，这是多大的负面效应啊！

　　老子在这一章，以重制轻，以静制动，说明他所奉持的，是一种厚重而又安静的哲学。

　　厚重而又安静，恰恰是自然之道的本性。

第二十七章

至此，老子已经论述了各种各样的社会现象和世间命题，却一直没有在一个重要的命题上停留，那就是"善"。

"善"在中国语文中，除了作为名词和形容词的"善良"意义外，还有作为副词的"善于"。在古文中，常以一字来模糊通贯。老子在这一章，先讲"善于"的"善"，再讲"善良"的"善"。

还是先读他的原文——

善行无辙迹；

善言无瑕谪；

善数不用筹策；

善闭无关楗而不可开；

善结无绳约而不可解。

是以圣人常善救人，故无弃人；常善救物，故无弃物。是谓袭明。

故善人者，不善人之师。不善人者，善人之资。不贵其师，不爱其资，虽智大迷，是谓要妙。

这一章没有生僻句式，翻译起来比较容易——

善于行走的，不留辙迹；
善于言谈的，不留瑕疵；
善于计算的，不用筹策；
善于闭关的，不用闩梢，却让人不能开；
善于捆绑的，不用绳索，却让人不能解。

圣人总是人尽其才，没有遗弃的人；又善于救物，没有遗弃之物。这就是真聪明。

善人是不善人的老师，不善人是善人的借鉴。如果不尊重老师，不爱惜借鉴，即使有智，也是大迷。这真是精妙之理。

原文在"圣人"之前，有"是以"两字，在"善人"之前，有一个"故"字，读起来，具有现代语文中的"所以"、"因此"等递进式关系。但是，据我从文气辨析，往往前后不存在这种递进逻辑。这种感觉，别的研究者也有。例如，高亨就在《老子正诂》中指出："'是以'二字衍文，盖后人所加。"老子原书，本不分章，后人强为分之，有文意不相连而合为一章者，遂加"是以"或"故"等字连之。问题是，这种本不相连而硬连之的做法，很可能进行了不必要的黏合。本章的"是以"和"故"，也有这种嫌疑，因此我在翻译时没有用"所以"、"因此"这样的递进词语。老子的文句，很像语录式散文诗，说几句就完成了独立的意思，不必在前后牵丝攀藤。这几句和前几句很可能有意思上的呼应，那就让它们在断空之处自然呼应吧。

在我的翻译中，五个"善于"之后，出现了主语"圣人"，其实也是第六、第七个"善于"，那就是善于救人、善于救物，就不会弃人弃物。有了这七个"善于"，才被老子称为"袭明"，按照我的理解，也就是我们常说的"明白人"。

既然在明白人眼中，世上没有被弃之人，那么，老子也没有去划分"善人"和"不善人"的绝对界限。"善人"可以用种种"善于"来教导"不善人"，而"不善人"的"不善"之处，又可资"善人"借鉴。如果不知道不同人群中间的这种互济关系，那就"虽智大迷"了。

这一章最重要的思想是"圣人常善救人，故无弃人；常善救物，故无弃物"。

也就是说，只要善于救人、救物，天下就没有必须抛弃的人和物。这种教导令人感动。也许研究者们会称赞他"救"而不"弃"的好意，但是应该明白，他的这种思想仍然来自大道。

大道鸿蒙无际，把一时的善恶、是非、智愚都看成是辽阔襟怀中的自然现象，并不过于计较。而且相信，一切都会因时而异、因地而异。所以，没有什么不可以存在于大道之内，没有什么一定要弃之于大道之外。大道之外，又是什么？

总之，道的思维，宏观千山，包容万水，无不可救，无一必弃。由此也就产生了"不争"的含义：争什么？为何争？与谁争？

这一思维，对我本人，曾经有过长久的滋润。

第二十八章

对天下一切都"救而不弃",要达到这种"不争"的境界,首先要克服单向思维、分割思维。

由于老子刚刚兴奋地说了"救而不弃"的理念,因此他又要再一次敲打单向思维,让人们超越界限,努力成为一个多方熔铸、多方包容的厚朴纯净之人,而不要被单向思维分割。

这一章里的那些话,后来在历史上也都很著名,我们一读就知道了——

知其雄,守其雌,为天下谿。

为天下谿,常德不离,复归于婴儿。

知其白,守其黑,为天下式。

为天下式,常德不忒,复归于无极。

知其荣,守其辱,为天下谷。

为天下谷,常德乃足,复归于朴。

朴散则为器,圣人用之,则为官长,故大制不割。

总之,不管是雌雄、黑白、荣辱,都不要强行分割,单向选择,而应该同知同守，才能进入纯真、淳朴的境地而臻于无极。

我的翻译是——

> 明知雄健，却安于雌柔，愿做天下小溪。
> 做天下小溪，就不离纯常之德，回归婴儿状态。
> 明知光亮，却安于黑暗，愿做天下范式。
> 做天下范式，就不离纯常之德，回归无极境界。
> 明知荣耀，却安于屈辱，愿做天下川谷。
> 做天下川谷，纯常之德充足，就能回复质朴。
> 质朴如被割散，也就成了般般器物。圣人也会取用，但如果出来掌管，则知道天下一切大的形制都不可分割。

这里的一个重要名词是"常德"。"常"的习惯含义是经常、平常、寻常、正常、普遍，因此我在一开始翻译"常道"、"常名"时取用了"正常"、"恒常"的含义。老子在说"常德"的时候却更着眼于"德"的普遍意义。所以我在以前的译本中，把"常德"翻译成了"普世之德"。

但是他又说"常德不离，复归于婴儿"，那就取了婴儿的纯真一面，因此我把这儿的"常德"翻译成了"纯常之德"。一种纯净的寻常，符合老子思维的路向。

这一章的思想重点，在于"大制不割"。你看，雌雄不可分割、黑白不可分割、荣辱不可分割。只有不分割，才会像质朴的婴儿，才会由寻常通向无极。这些不做分割地收纳差异的功能，就像溪流，就像山谷，应该成为天下范式。

这一章在文句上埋藏着一桩历史公案，那就是诸多研究者认定从"守其黑"到"知其荣"这二十三个字，并非《老子》原文，更可能是后人加入的。清代易顺鼎的《读老札记》、近代马叙伦的《老子校诂》和高亨的《老子正诂》都持有这个观点。

版本上的理由是，《庄子·天下》引老子这段话时没有这二十三字。但更多的是文字上的理由。如果没有这二十三字，那么"知其白"所对仗的就不是"守其黑"，而是"守其辱"了。从后代看来，"白"对"黑"很恰当，但在老子那里，"白"与"辱"相对，第四十一章的"大白若辱"就是例子。如果没有这二十三字，"为天下谿"就会直接呼应"为天下谷"，"谿"、"谷"本应相连，而二十三字中插进来一个"为天下式"，无法与"溪"、"谷"同位，等等。

那么，这段可疑的文字是什么时候插进来的呢？一定很早，因为王弼的《道德真经注》已经为"天下式"做了注解，可见在魏晋之初就进来了。但也可能更早，因为马王堆帛书中也已有踪迹。

对于这样的怀疑和考证，我很尊重。古代经典确实经常有后人改动和加添。但是古人加文，有很多原因，不能简单等同于现代的作伪。一部经典在什么时代被什么人改动，本身就是一个深刻的学术课题，永远值得考证和阐释，而不能见疑就删。如果终于考证出了最确定的"真本"，那么，留有时代印迹的"衍生本"仍然有保留的价值。

为此，我在几个译本中把这二十三个字也都翻译了。原因之一，我还没有发现必须删除的强悍理由；原因之二，这几句被怀疑后人所加的话，写得不错，与前后文路还合拍，因此读者也不妨领略一下。

第二十九章

前一章的结语是"大制不割",我想,老子在写到"不割"两字的时候一定想到,这是他"无为"思想的一部分。在宏大的形制上割来割去,就是老子所反对的那种"作为"。

老子的精神核心之一就是为大道让路的"无为",即便在讲谿谷、讲婴儿、讲常德的时候,都已经蕴含着引向"无为"的势头。就像航海的人总会本能地张望灯塔,此刻,他又向"无为"这座灯塔看了一眼。

这一章,他又要谈谈这座灯塔了。

原文如下——

将欲取天下而为之,吾见其不得已。天下神器,不可为也,不可执也。

为者败之,执者失之。

是以圣人无为,故无败;无执,故无失。

夫物或行或随,或歔或吹,或强或羸,或载或隳。

是以圣人去甚,去奢,去泰。

这一段话，首先要解释的是"不得已"。这三个字，历来有几种解释，最常见有"不得不为之"的无奈之意，但在这里老子的意思，是做不到。苏辙解释道："不得已，不可得矣。"

再要解释"天下神器"。如果直译，可为："天下，是神圣的公器。"也可以把"公器"说得含糊一点，例如"天下是神圣的存在"。不管是"公器"，还是"存在"，既然是神圣的，就不要随便去动，应该保持足够敬畏。天下是"神器"，人们不可胡乱造次。这种观念，正是老子"无为"思想的基础。

另外，还有版本上的两点说明。一是王弼所注的版本中没有"不可执也"这句，但据其他文本和王弼在自己注解中透露的端倪，予以保留；二是"是以圣人无为，故无败；无执，故无失"这句，第六十四章中也有，但比较之下，放在这里更为合适。

这样，翻译也就出来了——

要想摄取天下而大有作为，我看做不到。
天下是神圣的存在，不可强有作为，不可着力执持。
谁作为，谁败坏；谁执持，谁丧失。
因此圣人无为，所以不败；无执，所以无失。
世人秉性各异：有的前行，有的跟随；有的嘘暖，有的吹寒；有的强壮，有的羸弱；有的顿挫，有的危殆。圣人要做的，就是帮他们去除极端，去除奢想，去除过度。

这一章的思想重点有三项：

第一，天下是神圣的存在，所以圣人无为、无执。

第二，因为无为，所以无败；因为无执，所以无失。

第三，世间人事各执一端，圣人要引导大家去除极端和过度。

第三十章

因为刚刚讲过圣人要去除世间的极端和过度,老子就想到,世间最极端、最过度的事,莫过于军事强权了。因此,他要专门论述一下这个麻烦的题目。

他说——

以道佐人主者,不以兵强天下。其事好还。师之所处,荆棘生焉。大军之后,必有凶年。

善有果而已,不敢以取强。果而勿矜,果而勿伐,果而勿骄,果而不得已,果而勿强。

物壮则老,是谓不道,不道早已。

读了这段话,人们一定对一个字印象深刻,那就是"果"。用了六遍,绕入了行文节奏,那它究竟是什么意思呢?

至少有三种理解。最早的王弼,认为"果"是指"济难";宋代司马光在《道德真经论》里认为"果"是指"成";王安石在《老子注》里认为"果"是指"胜"。我认为,杰出的王弼在这里有点粗心了,与文意不合。司马光和王安石这两位"政敌"都讲得不错,但相比之下，王安石的"胜"解得太单向了。我更接受司马光的解释，"果"为"成"。用现代的话说："取得了一些成果。"

接受了司马光对"果"字的解释，我的翻译也就顺了——

以道来辅佐国君的人，不能以兵力逞强天下。

用兵这事，最容易遭到报应。

军队所过，遍地荆棘。大战之后，必有凶年。

适当地取得一些成果就可以了，不敢以兵示强。有了成果不要自大，不要夸耀，不要骄横。其实取得那些成果也是不得已，岂能拿来示强。

事物壮大了，必然衰老。因此，过度壮大不合乎道。

不合乎道，就会早早灭亡。

这里出现了"不得已"三个字，却与第二十九章的"不得已"有不同的解释。这里的解释，更接近人们平常的理解，但出现在这里却很深刻。在战争中即使取得了像样的成果也是"不得已"，因为战争不是一件好事，对胜利者来说也是无奈。

这样说，并不仅仅是因为"师之所处，荆棘生焉"、"大军之后，必有凶年"，还有更宏观的深意。老子说，以战争逞强，如果真正强壮了，会怎么样呢？

他的结论非常冷峻："物壮则老，是谓不道，不道早已。"

他明确反对过于壮大，因为过于壮大就撞到了大道的生死逻辑，那就是壮大是老化的节点，壮大是灭亡的前兆。

第三十一章

对于这个问题,他还想多讲几句。因为世人总习惯用兵力来衡量强大与否,把军事推到了社会价值的高位。为此,老子要站在大道的立场,来泼几瓢凉水。

他说——

夫兵者,不祥之器,物或恶之,故有道者不处。

君子居则贵左,用兵则贵右。兵者不祥之器,非君子之器,不得已而用之,恬淡为上。

胜而不美,而美之者,是乐杀人。夫乐杀人者,则不可得志于天下矣。

吉事尚左,凶事尚右。偏将军居左,上将军居右,言以丧礼处之。杀人之众,以悲哀泣之,战胜以丧礼处之。

这一段,三度提到"左"、"右",是要用礼仪中的方位,来说明军事自古以来在人们心目中的地位。也就是说,连祖先也早已排定,军事处于一个不祥的凶丧之位。

文中有"物或恶之"四个字,这里的"物"是指人,就像前面第二十九章说"夫物或行或随"也是指人。那么"物或恶之"是说人们都厌恶。

文中还有"胜而不美"的说法。这个"美"字,是指"心里美滋滋地得意",接近于世俗口语"臭美",也就是令人厌烦的过度自美。那么,"胜而不美"的意思,也就是"打了胜仗不要太得意"。

这样,翻译也就出来了——

兵器是不祥之器,谁都厌恶,所以有道的人不去接近。

君子平日以左为上,用兵时却以右为上。

兵器作为不祥之器,就不是君子之器,不得已而用之,最好恬淡处之。得胜了也不要得意。如果得意,那就是以杀人为乐。以杀人为乐的人,就不能得志于天下。

吉庆的事以左为上,凶丧的事以右为上。军中偏将军居左,上将军居右,这就是说,打仗的事,依照的是凶丧仪式。由于死的人太多了,只能怀着哀痛之心到场。即使打了胜仗,也要依照凶丧仪式来处置。

老子坚决反对战争,明确呼吁和平。这不仅与他反复讲述的"不争"、"无为"、"虚静"等主张一脉相承,而且成了他的大道底线。这种立场,当然与他所处的时代有关,与他熟悉的历史有关。他早已深深感受到,在战乱频频的血海深仇之间,在胜负轮转的苦难大地之上,一切最基本的民众需求,都被捆绑上了战车而转眼化为泡影,他的任何主张都无法实现。因此,战争,是天地大道的反面,而且必然受到天地大道的惩罚。

　　在这段表述中，有两个重点令人印象深刻。一是如果打胜了就得意，就相当于以杀人为乐；二是即使打了胜仗，也要依照凶丧仪式来处置。

　　顺便说一下，我曾在欧洲日内瓦的联合国欧洲总部会议厅看到一幅壁画，名曰《胜利》，却分明是一个丧葬仪式。我站在那里看了很久，很快就想到了老子的这段论述。欧洲画家未必读过《老子》，而是在两次世界大战的切身感受中，产生了与老子一样的理念。欧洲画家画得很具体，在某一个国家欢庆胜利的盛大游行中，苍老的母亲捧着儿子的遗像，年幼的女儿推着父亲的灵柩，更多的是妻子搀扶着重伤的丈夫……，谁也没有露出一丝笑容。

　　老子，居然早在两千五百多年前就把胜利和葬礼说在一起了。

第三十二章

战争的事情讲得既严峻又具体，按照我上面说过的老子的思维节奏，又要平平心气来仰望一下他的精神灯塔了。

这次，他要换一个角度来描述道。原文是——

道常无名，朴，虽小，天下莫能臣。侯王若能守之，万物将自宾。

天地相合，以降甘露，民莫之令而自均。

始制有名，名亦既有，夫亦将知止，知止可以不殆。

譬道之在天下，犹川谷之于江海。

这里有一个重要而复杂的字："朴"。这个字，在老子哲学中有特殊地位。大家一定记得，在第十九章里有"见素抱朴"的说法；在第二十八章里有"常德乃足，复归于朴"的句子，这个"朴"就带有归结性的意义。到了这一章，"朴"的地位更高了，几乎成了"道"的代称。

那么，应该怎么理解这个"朴"？明代释德清在《老子道德经解》中说："朴，乃无名之譬。木之未制成器者，谓之朴。"现代陈鼓应取义较近，说"朴是没有雕琢的木"。但是，汉代的王逸在注《楚辞》时，把朴说成是大木头："条直为材，壮大为朴。"而现代高亨则认为"朴"是树根。

这种种说法，都离不开木：无名之木、未制之木、未雕之木、壮大之木，直至树根。我认为，老子比较看得上的，是无名之木、未雕之木。但他倒不怎么在乎木，而在于无名、未雕这两个特性。

因此，当我在老子的论述中看到这个"朴"字时，脑子里出现的是这样一个概念：一种无名、未雕的存在。但这样一个概念不适合出现在翻译中。为了译文能保留老子文句的凝练美，我在另一个译本中仍然让这个"朴"字单独出现，打一个引号，表示这是一个"单字命题"。但这么一来，似乎留给了现代译文一个未化的硬块，所以有的研究者就用了"真朴"这个词，有一点解释的成分。但是，"真朴"在古今汉语中都显得生疏，因此我就用了很普通的"质朴"一词。我希望读者明白，这很像形容词，却更靠近名词，是指一种质朴的存在，也就是前面说的那种无名、未雕的存在。

老子认为，道，就是这样一种存在。因此，他喜欢用"朴"来映衬道。

在这一章，老子还说，道不仅"朴"，而且"小"。这个"小"，我翻译成了"幽微"，是指道"不显大形、细渗暗处"的特点。

对此，老子又做了一个说明，道像普降甘露一般渗洒天下的时候，对民众来说，不必分配，有一种"自均"功能，也就是自然地均衡、公平。

自然地均衡、公平，这正是"道法自然"的结果。大道以一种最自然的方式渗透处处、滋润万分，因此不仅目标是自然，方式也是自然。就像旭日明月、春风化雨，天下万物对它们的获取和分配都是"自均"。天下万物都能"自均"，这也是"无为"的理由之一。

做了这么一番解释，就可以进入翻译了——

道，永远是无名、质朴、幽微的，但天下没有谁能让它臣服。相反，侯王如果能够守住它，万物将会自动服从。

天地相合，降下甘露，民众不必分配，也能自然均匀。

创造之始，就有了各种名称。既然有了名称，就该知道限度。有了限度，就可以避免危殆。

道为天下所归，就像川谷归于大海。

这一章，老子对道的特性罗列了六项：一、无名，二、质朴，三、幽微，四、万物服从，五、自然均匀，六、天下所归。

第三十三章

那么,对于服从大道、归于大道的人来说,应该如何来立身处世呢?他们应该如何看待自己和别人,如何看待财富和寿命,如何看待志向和坚守呢?

对此,老子简单地说了几个短句。短句虽短,却像是大道颁布的定义——

知人者智,

自知者明。

胜人者有力,

自胜者强。

知足者富。

强行者有志。

不失其所者久。

死而不亡者寿。

这八句,几乎完全不用翻译,一翻反倒显得笨拙。只是"强行者有志。不失其所者久"这两句中,对"强行"和"其所"需要略加解释。在这里,"强行"是指坚持,"其所"是指根基。这下,全顺了吧?

在历史上,很多中国人对这八句,是可以随时诵之于心、吐之于口的。

第三十四章

转了这么一个美丽的小弯,又立即回到对大道本体的描述上来,还是顺着第三十二章的思路。

原文是——

大道氾兮,其可左右。

万物恃之以生而不辞,功成而不有。

衣养万物而不为主,可名于小;

万物归焉而不为主,可名为大。

以其终不自为大,故能成其大。

这一章,构成了一个文学性很强的比喻,那就是一上来就把大道比作了滔滔水流。

这水流,万物靠它生长而不推辞,但是人家长好了,它又不占有。

它细细地滋养着万物而不以主人自命,看起来好像很"小";但是,当万物醒悟过来后纷纷归附于它时,它仍然不以主人自命,看起来就觉得很"大"。

也正因为它始终不自以为大,所以成就了真正的大。

借着水流的比喻，老子揭示了道的"三不"特性，那就是："不辞"、"不有"、"不为主"。

这"三不"，确实是世间的极好品德。

说过了这一些，其实已经可以不翻译了，但是为了温习，还是翻一下吧——

大道如河水滔滔，流注左右。

万物靠它生存它不推辞，有了功绩它不占有。

滋养万物而不为主，可以看作是"小"；万物归附仍不为主，又可以看作是"大"。

正因为它始终不自以为大，结果成就了真正的大。

第三十五章

这一章，仍然继续描写大道的整体形象。

老子在这里要揭示大道的另一个特性：淡而无味。这似乎是负面词语，但是，我们要听老子怎么讲——

执大象，天下往。往而不害，安平泰。

乐与饵，过客止。道之出口，淡乎其无味，视之不足见，听之不足闻，用之不足既。

老子说，大道能让天下归附，但奇怪的是，它没有视听方面的吸引力，又淡而无味。只有一个功用，而且是无穷无尽的功用，那就是保天下平泰安康。

这话如果反过来说，那就是，一切追求视觉刺激、听觉刺激、味觉刺激的传扬方式，都脱离了真正的大道。

老子这么说，并不是指大道有一种暂掩视觉、听觉、味觉的谋略，让人产生"反向期待"。世上很多人收敛自己，也确实是从谋略层面考虑的。但是，大道并无谋略，老子并无谋略。

一切以强烈方式笼罩人们视觉、听觉的传扬，出自一种严重的不自信。总觉得人们不会追随自己,因此要用夸张的力量来操控民众的视听。

大道正好相反,它意在高天,气盖山河,没有任何理由要强化某一个角落的视听。它包罗万象、容纳众口,没有任何理由要突显某一种特别的味道。

大道的这种特性,就像人类离不开的空气、阳光、水,它们的最佳状态,就是它们的"无味状态"。净气无臭,明光无色,真水不香。

这让我们回想到第十二章所说的"五色令人目盲"、"五音令人耳聋"、"五味令人口爽(伤)"。原来只表明根据大道原理要各自收敛,现在老子告诉我们大道本身的形态了,那就是"淡乎其无味,视之不足见,听之不足闻"。果然,这就是精神领域的空气、阳光、水。

原来只是劝说,如果动用烈色、强音、重味太多,必定令人生厌;现在则进一步阐明,只要动用烈色、强音、重味,就已经背离了大道。

当然,比色、音、味上的陷阱更普遍的,是大家都熟知的大话、空话、套话、老话的无限度重复。如果让这种现象的制造者、拥戴者们读到老子的以上论述,一定百思不得其解。但是,广大民众却笑了,他们受那些东西的欺侮太久,因此一听就懂。

那就可以把这一章做如下翻译了——

执守大道,天下归往。往而无害,平泰安康。
音乐和美食,能使过客止步。但是,大道说出来,却淡而无味。
看它,看不见;听它,听不到;用它,却用不尽。

第三十六章

老子对于道的"逆向因果"结构，情有独钟。他总觉得，太多的顺向思维看来很"顺"，却使人陷于一极、引发争执。这就失去了大道左右逢源、来回往返的旋转风范。

"逆向因果"，要求人们进行逆向思维，让那个近似八卦图的大道圆环转动起来，而不可去走那一条条直线。直线，总会离出发点越来越远。只要来一个逆向回转，事情反而办成了。

请看一连串的逆向回转——

将欲歙之，必固张之；

将欲弱之，必固强之；

将欲废之，必固兴之；

将欲取之，必固与之。

是谓微明。

柔弱胜刚强。

鱼不可脱于渊，国之利器，不可以示人。

这很像是计谋，其实是大道所构建的"逆向因果"的力学逻辑。

只是很多人不相信这种力学逻辑，结果一事无成。于是，懂得这种逻辑的人就很像是计谋者了。

一位中国现代军事家说："《老子》是一部兵书。"他是看到这一章这么多很像计谋的话语，以为老子是在指挥打仗了。其实我们早已知道，老子是坚定反战的。他似乎很懂计谋却鄙视计谋，他似乎很懂战争却反对战争。

讲了这么多"逆向因果"之后，老子突然说："国之利器，不可以示人。"好像文理不顺，是不是"另段窜入"？其实是顺的。把"国之利器"示人，目的是向他人逞强。有时逞强的理由还很充分，但老子仍然不同意。按照他的哲学，逞强的力度越大，越有可能进入"逆向因果"的力学逻辑。如果把"国之利器"也放进去了，情势更为严重。

老子所呼唤的，是一个守素抱朴、返本守拙、虚静无忧的世界。

对于老子的这个思路，我在高度尊崇之余也有一些不同的意见。这不同，是因为我们比老子多拥有两千五百多年的历史。而且，在这段漫长的历史中，出现过秦汉王朝、大唐大宋，直至元明清至现代。其间很多史实，印证了老子的学说；又有很多史实，超乎老子的论述之外。

这些，都需要以长篇论著进行研究，我在这里只从老子的学理本身进行一点分析。显然，以幽微方式悄然滋润万物的道，未必能以自然方式弘通天下，因为民众被利益所驱，被眼界所限，必须受到启发而又极有可能未被启发。因此，老子不得不在第二十章坦言得道之人的寂寞、孤独、无奈。在这种情况下，大道行之于天下，还隔着千山万水。

因此，大道也应该出现一个更积极、更主动、更可视、更可随的形态。在这个过程中，群体力量在大道旗帜下的有序聚合和发挥，不应该被排除在外。

在阐释《老子》的过程中插入这么一段自己的论述，这是老子未曾见到的漫长历史给予我们的责任。现在，就让我们回到老子的文本，还是把这一章翻译一下吧——

> 将要收缩它，必须暂且张扬它；
> 将要削弱它，必须暂且增强它；
> 将要废弃它，必须暂且振兴它；
> 将要夺取它，必须暂且给予它。
> 这些都是微妙的预见。
> 柔弱必胜刚强。
> 鱼不可脱离深渊，同样，国之利器，不可以示人。

第三十七章

这一章，老子要讲述大道与人欲的关系。

老子一直认为人的过度欲望不符合大道。这一点，老子之后的儒家经典《礼记》中也曾表示，"人欲"在一定情况下有可能吞没"天理"。这事情到了宋代理学家那里就变得很严重，把"人欲"和"天理"彻底对立，非此即彼。但在老子那里，还远没有到这种程度。他把民众的日常生活看作是大道的一部分，因此也就不可能阻止人们在日常生活中的种种自然欲望。他只是提醒，在人们自然成长、自动化育的过程中，很有可能产生欲望过度，也就是"贪欲"，这就需要认真对付一下了。怎么对付呢？老子难得用了一个重词——"镇"，也就是"镇服"。

用什么来"镇服"呢，老子依然拿出了他的老宝贝："无名之朴"。也就是说，让那些贪欲了的人一次次直面道的无名、未雕的质朴状态，以这种状态把他们的贪欲比下去、压下去。

显然，老子也看出来了，他所主张的"自化"，一定也会产生欲望的发作，因此要对"自化"学说做一个补充。但是，在对付的办法上，他口气虽然严厉，内容却是温和的。他希望让一切贪欲和不贪欲的人都接受"无名之朴"，然后让天下安静。

原文是——

道常无为而无不为。侯王若能守之，万物将自化。化而欲作，吾将镇之以无名之朴。镇之以无名之朴，夫将不欲。不欲以静，天下将自正。

这里出现了一个名句："无为而无不为。"这是他对"无为"学说的重大阐释。

"无为"与"无不为"，显然是直接矛盾的，放在一起却构成了一种特别有意思的行为哲学。有很多研究者对此做了浅薄化的解释，认为老子说"无为"是要让大家不要"妄为"，不要"胡作非为"。这种解释，就把老子等同于邻里之间好心叮咛的老大爷了。其实，老子的"无为"范围大得多，主要是针对一些别有企图、凌驾自然的大作为，哪怕不是"胡作非为"，他也并不认可。他认为，人的作为是天地大道自然安排的，如果一群人只是按照自己的计划组织起某些作为，那就会对其他很多人原先的生态平衡产生骚扰，而这些作为究竟是否合适，是否可行，还未被自然验证。更重要的是，为了这些作为所产生的单向奋进，都会妨碍大道悠然安然的整体关照。

那么，怎么又要"无不为"了呢？在老子看来，只要不是那些别有企图、凌驾自然的作为，别的都可以做，来者不拒，随遇而安，天下万物都不陌生，百行百业出入自由。在现实生活中，我们见过不少这样的人，一生没有宏大的特别规划，但是遇到什么工作都做得很好；平时即便在路上，只要见到需要帮忙的事，不管大小生熟，都会热情参与。这样的人让大家都感到舒服，这就是"无为而无不为"的世俗版本，契合大道的本性。

顺便提一下，这种"无为而无不为"的观念，对我本人的影响也很大。如果从官场和媒体的角度来看，我是一个没有职务、没有称号、没有归属、没有主业的人，而且，不上网，不开会，不用手机，完全可以说是一个"无为"之人。但是，我似乎又什么都做，而且差不多全都做成了，因此又是一个"无不为"的人。这两重身份使我四海为家、无学不窥、随处落脚、永远自由。对此，我要感谢老子。

我把全章翻译一下——

道经常无为，却没有一件事不是它所为。

侯王若能持守它，万物都将自动化育。自动化育中会有贪欲产生，那就要用"无名之朴"——道，来镇服它。

只要镇服，就会使贪欲不起。贪欲不起，得到安静，天下自然稳定。

第三十八章

上一章最后说,要以"朴"去镇服"欲",是为了回到"静"。老子认为,"朴"的无名、未雕的状态,就是"静"的特征。

无名、未雕,也就是不做任何表现。因此,老子所追求的"静",很防范表现。

只要一表现,一切都闹腾起来了。一闹腾,很多概念、名号也都涌出来了,人们必去争取,随之也就走向了浮薄和虚华。时间一长,也就滑向了愚昧和祸乱。起点,就在于表现的欲求。

"表现"是一个现代词语,《老子》原文里没有,却又处处与它有关。

这一章的原文,很多读者会觉得很"绕",因此要尽快翻译出来。先看原文——

上德不德,是以有德。

下德不失德,是以无德。

上德无为而无以为。

下德无为而有以为。

上仁为之而无以为。

上义为之而有以为。

上礼为之而莫之应，则攘臂而扔之。

故失道而后德，失德而后仁，失仁而后义，失义而后礼。夫礼者，忠信之薄，而乱之首。

前识者，道之华，而愚之始。

是以大丈夫处其厚，不居其薄；处其实，不居其华。故去彼取此。

对现代读者来说，这段文字中的"德"、"仁"、"义"、"礼"已不是日常用语，缺少划分的共识，而"无以为"、"有以为"这样的虚词结构又离现代语文太远，因此就有点绕不出来了。那就先让翻译做一点技术上的帮助吧。但也只是在技术上，因为对"德"、"仁"、"义"、"礼"的分别解释太麻烦，而老子恰恰并不重视它们。于是，我们也就顺着老子的意思，只把它们作为话由，而不一一为它们"宽衣解带"了。

翻译如下——

"上德"不表现德，所以有德。

"下德"在表现德，所以无德。

"上德"主张无为，所以不表现作为。

"下德"主张无为，所以要表现作为。

"上仁"主张有为，却不表现作为。

"上义"主张有为，也在表现作为。

"上礼"主张有为,也要表现作为,得不到回应,就会伸出胳臂要人服从。

因此,失了道,然后有德;失了德,然后有仁;失了仁,然后有义;失了义,然后有礼。礼这个东西,是忠信的不足、祸乱的起点。

另外还有自称先知的所谓"前识",也不过是道的虚华、愚的开始。

总之,大丈夫要立身敦厚,而不居浇薄;要立身朴实,而不居虚华。取什么,去什么,要分清楚。

只要粗粗浏览就能知道,老子几乎是在清理到他为止的主要精神理念。由于他清理得简明、扼要,读起来有一种理论上的爽利感,尽管世间很多抱守这些理念的人不会同意。一流哲学家在面对一大堆自夸自矜的理念时,一定不会掉进去,而是站到高处,用确定不移的律令做出难以辩驳的宣判。在这里,老子显得有点武断,但他有这个资格。

这一章,由于理论铺陈复杂,因此历代研究者发表的意见也多,但主要纠缠在"上德"、"下德"的区分以及与"无为"的关系上,当然,也有不少句读和版本缺字上的考证。相比之下,我觉得陈鼓应的阐释比较完整,不妨引述一下——

老子从居心上来分"道"、"德"、"仁"、"义"、"礼"这几个层次。无形无迹的道显现于物或作用于物是为德(道是体,德是用,这两者的关系其实是不能分离的)。老子将德分为上下:上德是无心的流露，下德则有了居心。"仁义"是从下德产生的，属于有心的作为，已经不是自然的流露了。到了礼，就注入勉强的成分，礼失而后法（古时候"法"实内涵于"礼"），人的内在精神全然被斫伤。

在老子那时代，礼已演为繁文缛节，拘锁人心，同时为争权者所盗用，成为剽窃名位的工具，所以老子抨击礼是"忠信之薄而乱之首"。老子一方面批评礼对于人性的拘束，另方面向往于道的境地——自然流露而不受外在制约的境地。（见《老子注译及评介》）

陈鼓应在阐释中所说的"居心"的有无，似乎来自王淮的《老子探义》，但我并不赞同。对"上德"与"下德"的区分，如果仅仅归因于对"无为"的居心，显然是把事情说小了。心理方式是精神理念的一部分，却不能覆盖精神理念。

第三十九章

老子在席卷了"德"、"仁"、"义"、"礼"这些流行的大概念后，又要返回到道上来了。这次，他要给道一个新的代称，那就是"一"。这个"一"，给天、地、神、谷、万物、侯王都带来了很好的气象，避免了各种危难。最后总结出"贵以贱为本"、"高以下为基"的关系，进一步展示了道。

原文是——

昔之得一者：天得一以清，地得一以宁，神得一以灵，谷得一以盈，万物得一以生，侯王得一以为天下正。

其致之也，谓天无以清，将恐裂；地无以宁，将恐废；神无以灵，将恐歇；谷无以盈，将恐竭；万物无以生，将恐灭；侯王无以正，将恐蹶。

故贵以贱为本，高以下为基。

是以侯王自称孤、寡、不穀。此非以贱为本邪？非乎？故至誉无誉。是故不欲琭琭如玉，珞珞如石。

以一个"一"字来提领世界，提领天地大道，实在是气度非凡。

这种观念认为，世界本是一体，起于一，归于一，万千线头都绾结于一。把世界归于一体，天就清了，地就宁了；如果不归于一体，就会天崩地裂。"一"是最小的一位数，最小的数居然能收纳世界，可见低贱是高贵的根基。

翻译如下——

从来所谓"得一"，是这样的：
天，得一而清明；
地，得一而安宁；
神，得一而显灵；
河谷，得一而充盈；
万物，得一而滋生；
侯王，得一而天下公正。
推而言之，
天不清明，怕是要崩裂；
地不安宁，怕是要地震；
神不显灵，怕是要消失；
河谷不充盈，怕是要枯竭；
万物不滋生，怕是要灭绝，
侯王不公正，怕是要败政。
由一联想，
贵以贱为本，
高以下为根。

> 侯王自称"孤"、"寡"、"不穀",
> 不就是以贱为本吗?难道不是?
> 因此,过多的美名就会失去美名,
> 不愿要璚玉的高贵,宁肯要落石的坚硬。

归于一,很容易导致侯王独尊,但老子的引导恰恰相反,要侯王由"一"而领悟"正"。这是因为,"一"是一种没有旁支、没有添加的单纯,这种单纯里没有"邪",只有"正"。老子认为,走在"正"路上的侯王不仅不会独尊,反而谦卑起来。他说,历来侯王唯恐人们把尊荣和"不正"联系在一起,总是以卑辞自称,例如"孤"、"寡"、"不穀"等等。"不穀"的说法可能大家不太熟悉,这也是帝王们故意用的一个自贬之词,因为"穀"在古代有"善"的意思。连帝王们都不得不如此,可见自处低下是长存之本。归一,就是归本。

第四十章

在说了"一"之后,老子又把与道密切相关的几个字打理了一下。那就是"反"、"弱"、"无"。语言简短,不容置疑。原文是——

反者,道之动。
弱者,道之用。
天下万物生于有,
有生于无。

最重要的是第一句:"反者,道之动。"这个"反"字,也就是我在前面多次说的"逆向因果"结构,老子把它看成是大道的动力。等到启动之后,又成了大道的运动方式。简单说来,朗朗大道,凭着逆反力量而运动。

在世界古代哲学史上,以一个"反"字来概括天地大道的,只有老子。值得我们思考的是,他是主张"不争"的,因此不会一看到反向力量、反向趋势就上前争斗。他认为"反"也是天地的自然安排,因此给予极高的地位,任由正反互补来推进道的运动。争斗,是因为容不了"反"。他容得了,因此不会争斗。他甚至确认,没有"反"

就没有道的运动状态,因此也没有了道的生命。

由此推衍,历史上一切仰承鼻息的依顺者,只能让他们仰承的对象走向僵滞。要疗救,只能从相反的方向寻找动力。

"弱者,道之用",意思很明白:"弱,是道的作用。"正是凭着弱,才能安顿于纷争的世间。这与"弱肉强食"的观念和西方的社会达尔文主义,正好相反。

后面两句,是重复性强调,古今表述没有太大差别,就不翻译了。

第四十一章

顺着上一章所开启的话题，这一章就要陈列一系列的"反"律了。陈列前老子又说明，对于这些"反"律，不同的人生等级有不同的反应。等级越高，越能接受。所谓接受，也就是"闻道"。

原文如下——

上士闻道，勤而行之；

中士闻道，若存若亡；

下士闻道，大笑之。不笑不足以为道。

故建言有之：

明道若昧，

进道若退，

夷道若颣，

上德若谷，

广德若不足，

建德若偷，

质真若渝，

大白若辱，

> 大方无隅,
>
> 大器晚成,
>
> 大音希声,
>
> 大象无形。
>
> 道隐其名,
>
> 夫唯道,善贷且成。

这一排"逆向因果",其中有几条,即便是不熟悉老子的读者也应该早已耳熟能详。例如"上德若谷"、"大器晚成"、"大音希声"、"大象无形"等等,已成为中国语文的"古典元件"。

这中间,"建德若偷"需要略做说明。

清代俞樾在《诸子平议》中解释道:"建当读为健。……健德若偷,言刚健之德,反若偷惰也。"俞樾讲"偷惰",让我想起了日常口语中的"偷懒"。这里的"偷",有懒惰的意思。这一来,四字之义也就明晰了。

刘师培说,"建德若偷"的下一句"质真若渝"中的"真",也可能是"德"。他觉得老子会把四个"德"连讲,而且古文中的"德"字的另一种写法是"直"下面加一个"心",抄写中误笔写成了"真"。对于这样的猜想,研究者大多都不在意,我也觉得缺少证据。此外,在句序上,通行的王弼注本是"上德若谷,大白若辱",高亨认为"大白若辱"应移后,接"大方无隅"。他列了两个理由,我觉得有说服力,就依从了。

由于原文简约铿锵,锤炼成了一列格言,这对翻译构成了不小的挑战。我的译本如下——

"上士"问道，赶紧实行；
"中士"问道，将信将疑；
"下士"问道，哈哈大笑。
不被讪笑，不足以为道。
因此老话说得好：
光明的道，好似黯昧；
进取的道，好似后退；
平坦的道，好似崎岖；
崇高的德，好似低谷；
宏大的德，好似不足；
刚健的德，好似惰怠；
质朴的德，好似浑浊；
纯净的白，好似卑污；
最大的方正，没有棱角；
最大的器物，最晚完成；
最大的声音，很难听到；
最大的形象，就像无形。
道，隐约无名，但只有它，善于起始，善于大成。

这一系列的"逆向因果"，可以让人们在遇到各种不良的境遇时反着想，发现看似"不良"其实很可能是"上佳"。天下比较优秀的一切，未必以优秀的形貌问世，而只要是"最优秀"，那就一定会有一个幽默的"反动作"。

当然，这事也不宜产生另类理解，认为一切"不良"都直通"上佳"。如果背后没有"明"、"进"、"上"、"广"、"健"、"大"，那么，"不良"永远是"不良"。对于背后的宏大背景，多数具有大道思维的人都能凭直觉感知。

在以上一系列"逆向因果"中，有四项我特别在意，那就是："大方无隅，大器晚成，大音希声，大象无形。"我对这四项的人生体验是：不依赖自己的棱角，不依赖青春的年华，不依赖密集的话语，不依赖频繁的造型，这才真正成就其"大"。本来，那些棱角、年华、话语、造型都是为了追求"大"，结果，不追求的反而"大"了。这种"逆向因果"，实在值得一切公众人物、权势人物、财富人物深思。当然，第一流的艺术家一听便会莞尔一笑，因为他们早就深知"大音希声，大象无形"的奥秘。

那些没有任何显摆印痕的"方"、"器"、"音"、"象"，才是大道的化身，自然更不必说"上德"、"健德"和"广德"了。

第四十二章

终于，老子要把道德学说推到更高、更始源层面上去了。陈鼓应说，这一章是老子哲学中的"宇宙生成论"。好像说得有点大，其实并不错。

因为溯及了根本，虽然字数很少，却成了全书的支点之一。这个"支点"由二十五个字组成——

道生一，一生二，二生三，三生万物。万物负阴而抱阳，冲气以为和。

句中的"一"、"二"、"三"，不是数字游戏，而都牵涉到很深的学理。

"一"，我们在解析第三十九章的时候曾经专门说过，是老子对道的代称，以此表达世界本是一体，起于一，归于一。但是，浑然安静的"一"还需要寻常启动的生机，于是出现了"二"，也就是阴阳两气。有了阴阳两气，大道也就动起来了，因为刚刚说过，"反者，道之动"。

有了阴阳两气也就出现了滋生能力，因而就生出了第三者。当这样的滋生开始，当然就会源源不断，于是就形成了"二生三，三生万物"的荣景。

阴阳两气不管在方位上还是性质上都是不同的，因此会产生对冲和激荡。万物正是在这种对冲和激荡中，背靠着阴，面朝着阳，产生一种协和状态。

在协和过程中，阴阳两方对冲和激荡的力量依然保持，也就是一直蕴含着一种"冲气"而走向协和。

——我在说以上这段话的时候，觉得当代读者一定会觉得这是一种幻想。但是我要告诉大家，一切有关"宇宙生成论"的设想，即使有了现代太空观察的帮助，也总是带有极大的幻想成分。由于无法进入科学实证，因此在理论上也一定以"形而上先验主义"为主。这种思维特点，后来在中国思想史上逐步减弱，幸好老子早早地呈现了一个圣哲冥想者的高度，使中国哲学免除了一种先天缺失。

其实，直到老子之后两百多年的汉代，很多思想家还保留着这样的思维高度，尤其是当时的淮南王刘安和门人苏飞、李尚、左吴、田由、雷被、毛被、伍被、晋昌等人，就产生过不少有关"宇宙生成论"的学说。他们合作写成的《淮南子·天文训》在解释老子的这一段文字时说："道曰规，始于一，一而不生，故分而为阴阳，阴阳合和而万物生，故曰：'一生二，二生三，三生万物。'"

直到现代，就连熟悉西方思维的哲学史家冯友兰也做了这样一番论述，见之于《老子哲学讨论集》。我引用一下，供大家参考。

《老子》书说："道生一，一生二，二生三，三生万物，万物负阴而抱阳，冲气以为和。"这里说的有三种气：冲气、阴气、阳气。我认为所谓冲气就是一，阴阳是二，三在先秦是多数的意思。二生三就是说，有了阴阳，很多的东西就生出来了。那么冲气究竟是那一种气呢？照后来《淮南子》所讲的宇宙发生的程序说，在还没有天地的时候，有一种混沌未分的气，后来这种气起了分化，轻清的气上浮为天，重浊的气下沉为地，这就是天地之始。轻清的气就是阳气，重浊的气就是阴气。在阴阳二气开始分化而还没有完全分化的时候，在这种情况中的气就叫做冲气。"冲"是道的一种性质，"道冲而用之或不盈"。这种尚未完全分化的气，与道还差不多，所以叫冲气，也叫做一。

冯友兰的这番论述让我高兴，证明即使在中国现代哲学思维中，也还保留着形而上先验主义对"宇宙生成论"进行构想的地位。但是，我不赞成"冲气就是一"的观点。因为这在老子的行文中很难看出来，而且我相信老子也不愿意由"冲气"来等同道的地位。我觉得冯先生的论述更是在解释《淮南子》而不是《老子》。在"宇宙生成论"方面，那批淮南学子比老子想得更多更细，与老子的方向也不完全相同。老子具有一种粗线条的宏观气概，为淮南学子所不及。当然淮南学子也是当时世界上罕见的智能大聚集，他们后来全因政治斗争而死于非命，使我每次去八公山都心情沉重。

这一章的后面还有这样一段——

人之所恶，唯孤、寡、不穀，而王公以为称。故物或损之而益，或益之而损。人之所教，我亦教之。强梁者不得其死，吾将以为教父。

从内容看，与前面的"宇宙生成论"有点连接不上，研究者们多数认为是第三十九章的衍文，我也同意。但是，既然出现在这里，也不能随手移除，因此我还是一起翻译了。既然已做了上面那些详尽解释，翻译时只需尽量保留原文。译文如下——

道生一，一生二，二生三，三生万物。万物抱负着阴阳，阴阳两气对冲而和合。

人们厌恶的"孤"、"寡"、"不毂"，王公却用来自称。可见，一切事物，减损反有增益，增益反有减损。这是人之所教，我也拿来教人。"强梁者不得其死"，我将以此为教本。

第四十三章

这一章很短，上来就是一句精彩的格言——

天下之至柔，驰骋天下之至坚。
无有入无间，吾是以知无为之有益。
不言之教，无为之益，天下希及之。

第一句让我兴奋的，是"驰骋"二字。驰骋是一个鲜明的形象，勇猛的骑手骑在马背上，踩踏着无际的原野。但是，老子告诉我们，骑在马背上的勇猛骑手，是天下最柔弱的人，而他所踩踏的，却是天下最蛮荒、最艰困的原野。这一个强弱颠倒的对比，会把我们震撼。但是这个驰骋的场景，却是老子的哲学场景。

驰骋，是一种放达不羁的自由，但是获得这种自由的，并不是最坚强的存在，而是最柔软的存在。老子认为，这是一个普遍原理，足以通行天下。

接下去的一句话，把事情继续往前推，从"柔坚"关系推到了"有无"关系，于是出现了五字哲言："无有入无间"。意思是，只有无形，才能入得无间。如果说得更明白一点，那就是：只有"无形体",才能穿入"无间隙"。

当你放弃了形体,空间也就放弃了对你的间隙。

因为"有",才会"间"。所以,"无有入无间"。

明白了"柔坚"关系和"有无"关系,老子说,这下就更知道"无为"的好处了。"无为"才会"至柔",于是有了"驰骋"的权利;"无为"才会"无有",于是有了"无间"的可能。

这是一种"不言之教",让人细细一想就明白了"无为之益"。这功效,天下很少有什么比得上。

解释了这么多,也就不必再翻译了。

第四十四章

上一章用这么凝练的方式点破了"至柔"和"至坚"的关系,"无有"与"无间"的关系,这都是有关道的哲思。按惯例,老子又要俯下头来,联系实际,凭借这种哲思来劝告人们如何处世了。

原文为——

名与身孰亲?

身与货孰多?

得与亡孰病?

甚爱必大费,多藏必厚亡。

故知足不辱,知止不殆,可以长久。

由三个问题引头,问题本身就是答案。因此,后面引出的答案就跳开去了,做了更大的发挥。

我是这样翻译的——

名声与生命,哪一个更亲?

生命与财产,哪一个更重?

得到与失去，哪一个更有弊病？
过度喜爱必然是过度耗损，
太多收藏必定成太多灰烬。
知道满足，就不会有屈辱。
知道中止，就不会陷困境。
如能这样，可以长存。

这些话语那么实在又那么亲切，即便今天听来也声声入耳。

第四十五章

只要一讲实际,老子就会很快返回大道本体,又要进一步讲述"逆向因果"的课程了。这门课程,我们已经知道原理,但是当它进一步伸发出一些新角度、新概念的时候,仍然会感到新鲜和深刻。

请看这一章所呈现的"逆向因果"系列——

大成若缺,其用不弊。

大盈若冲,其用不穷。

大直若屈,大巧若拙,大辩若讷。

静胜躁,寒胜热,清静为天下正。

又有不少著名格言了。

我的翻译是——

最大的完成好像缺什么,但很好用。

最大的充盈好像有点空虚,但用不尽。

最直,好像是屈;

最巧,好像是拙;

> 最会说话,好像嘴笨。
> 静胜躁,寒胜热,
> 只有清静,才能使天下归正。

其实"大成若缺"、"大盈若冲"、"大直若屈"、"大巧若拙"、"大辩若讷"这样的成语,是完全可以不必翻译的,它们的词语组合也很难被现代词组所替代。但是我要用现代语文的节奏使它们产生朗诵潜质,让古代的"蕴藉"化作现代的"腔调",而含义又必须信达。

在内容上,这一章并没有停留在呈示一系列"逆向因果"的乐趣上,而是有了一个很好的归结,那就是"清静为天下正"。一切闹腾都产生了逆向,最后都归于"清静"。这还不够,进一步让"清静"来安正天下。

有的研究者认为,这最后一句与前面一连串的对立句式不同,是不是又是版本错置?我的意见正相反,这一句是上面这些句子的总结,让种种对立仍然归之于道。

第四十六章

归之于道,这是老子的思想轴心,因此一碰就会粘住。现在他又要讲"天下有道"和"天下无道"的区别了。最重要的区别,在于是否发动破坏民生的战争。因此,这一章所讲的道,包含两点:一是反战,二是佑民。而且,老子再一次提示,他所说的道覆盖天下,因此不管有道无道,都涉及广远。

原文是——

天下有道,却走马以粪;
天下无道,戎马生于郊。
祸莫大于不知足,咎莫大于欲得。
故知足之足,常足矣。

先解释一下"走马以粪"。"走马",是长途运走的马,指战马。"粪"字,在古代有"耕种"之义。高亨《老子正诂》曾引用《孟子·滕文公》中的一句话来注解:"凶年粪其田而不足。"因此,"走马以粪"可解释为"让战马来耕田"。

"让战马来耕田",这是一个美好的转折。但是也有相反的转折,那就是"戎马生于郊"。这个"郊",也就是"交",是指两国相交之处,前沿战场所在。正是在这个地方,牝马生育了,也就是说,连农家怀胎的母马,也被迫流徙于前沿战场,成了战马。这正好与"让战马来耕田"彻底颠倒。

但是,对于"戎马生于郊"也有不同的解释。严灵峰解释这个"生"字,是"生事"的意思,那么这一句就成了:"在两国相交之处以戎马相见。"这就没有"母马生育"的意思了。这样,就难以与"走马以粪"的具体感相对应,缺少了感染的力度。

我赞成把"生"理解为"生育"。对此,陈鼓应曾引用了西汉桓宽编著的《盐铁论》里的一段话,我觉得颇有说服力。这段话是讲一场战争前后的对比,我也引用一下——

闻往者未伐胡越之时,徭赋省而民富足;温衣饱食,藏新食陈;布帛充用,牛马成群;农夫以马耕载,而民莫不骑乘。当此之时,却走马以粪。其后师旅数发,戎马不足,犗牝入阵,故驹犊生于战地,六畜不育于家,五谷不殖于野,民不足于糟糠。

我想,《盐铁论》的编著者应该是熟悉老子著作的,因此当盐铁会议"问民间所疾苦"后,就有了这段表述,估计是领会了老子的原意。

我喜欢"让胎马来参战"与"让战马来耕田"的对比,也出于文学上的考虑,一切懂得文学的读者都能懂得。那么感性,那么强烈,而且都是马。

老子以两种马为坐标来区分"天下有道"还是"天下无道",实在高明。因为都与农家耕种相关,所以也可直接理解为与正常民生相关。天下之道,以民生为要。

这一章的后面两句,也是警句。"祸莫大于不知足,咎莫大于欲得",然后归纳成一句旋转式的漂亮语言:"知足之足,常足矣。"三个"足",有一点文字游戏的意味,却又表达了一种有趣哲理。那我就把全章翻译一下——

天下有道,让战马来耕田;
天下无道,让母马去作战。
祸,莫大于不知足;
罪,莫大于贪欲。
因此,
知足的满足,是永远的满足。

把前后两层意思连在一起,就表明,世间有那么多残害民生的战争,起因全在于不知足和贪欲。因此,"天下无道",也就与不知足和贪欲有关。

有的研究者认为,"知足"是一种唯心史观,应该予以否定。他们的"唯物史观",似乎必须争夺物质之足。对此,我坚定地站在老子这边。足不足,并没有固定的外在标准,最重要的标准在自己的心理感受。在荒凉时世,有茅舍明月,足矣;在困乏年月,得妻烹菜蔬,足矣。反之,明明已丰衣足食,还想有更多侵吞,结果对人对己都是祸害。老子所追求的虚静至境,只有知足才能抵达,而且,立即就能抵达。

第四十七章

上一章讲"知足",是指"内心之知";但是,人生在世,还必然需要对外部世界的宏观之知。

在老子的哲学中,只要让内心皈依于天道,就能产生对外部世界的宏观之知。

原文是——

不出户,知天下。不窥牖,见天道。其出弥远,其知弥少。
是以圣人不行而知,不见而明,不为而成。

对外部世界的宏观之知,最高目标是"知天下",但是,即使在现代的交通条件下,一个人极为有限的行走岁月,能抵达多少地方,而对抵达之处又会有多少深入了解?当然,"知天下"又包括历史维度,因为"天下"也是一个时间程序,那么又有谁能够亲临自己生命过程之外的时间?

然而,确实也有不少比别人更"知天下"的高人。一问之下,他们的主要功夫还是集中在有限的研究空间。德国哲学家康德,思想经天纬地,却几乎没有怎么离开过他居住的村庄。其实,老子、庄子也大体如此，它们的"逍遥游"因为游在自己心中，所以能够横贯北海南溟，直穿亘古当今。真正的流浪者，远远比不上他们。

我对这段文字的翻译，与原文相差不大，因此就不引述了。

第四十八章

如果能够"不出户,知天下","不窥牖,见天道",天下的事,要知便能知,想见便能见,那还要辛苦学习吗?

老子对于"学习"的功效,确实很怀疑。他认为,天下真正要学的是道,但道只能悟,不能学。而道之外的各种学习,都不重要,而且往往学得越多,离道越远。就像我们经常见到的那样,不少"书呆子"学得越多,越不明天下大道。

那怎么办呢?老子的想法是,人们少学一点不要紧,少而又少,反而能进入"无为"状态,接近大道。这是他的"无为"思想在学习上的体现。

对学习持这样的观点,常常使很多学人皱眉。因此河上公注释,老子所说的学习,是指"政教礼乐",老子排斥的,并不是所有的学问,只是"政教礼乐"之学。学这些东西,反而会挑动起人的"情欲"和"文饰",所以学得越少越好。我发现,后来不少研究也就根据这种判断,把老子对学习的怀疑都说成是对情欲的提防了。

但是,我实在没有看出来老子在这里是在提防情欲。

至于老子对学习的怀疑,是不是专指"政教礼乐"之学,我也有不同意见。老子确实不喜欢"政教礼乐",而当时他周边的教育也常常陷于这个泥淖，这是事实，但老子对这个问题的思考要大得多，深得多。

请不要忘了，他刚刚在上一章讲过"不出户，知天下"，"不窥牖，见天道"，说明他相信，一般的学习达不到这种"知"和"见"。用我们现在的话来说，对于天地宇宙在运行之中所蕴藏的自然大道，一般的学习很难问津，因此再学也没有用。他希望人们不要花那么多精力到处去听课，而应该明白真正的老师在天上，在自然，在自己心中。

因此，他对学习的怀疑带有整体性。我们不要为了维护他的正确，替他来做"补充说明"。

老子即使产生了偏差，也是一种"伟大的偏差"，用不着"平庸的补漏"。

他对于大道之行，有点着急，因此对于一切与大道不恰的部分，态度过于冷冽，排斥得有点过分。

人类学习，范围很广，其中不少部分，有益于民众生计，有益于社会发展，因此也符合大道。而且从老子的其他论述来看，他也不反对知识积累。只是他一时发现了症结，就做出了某种严厉的判断。

其实这种情况我们是能体会的。例如，见到不少获得了博士学位的学生处理危机的能力远不如其他人，我们也会对学位做出过分的批评。

老子从学习的问题过渡到"无为"之后，又展示了他对治理天下的要求。

那我们就来看看全文吧——

为学日益，为道日损。损之又损，以至于无为。

无为而无不为。取天下常以无事，及其有事，不足以取天下。

第三十七章已经讲过的"无为而无不为"这个重要命题，又出现了。只不过，他用这个命题来论述天下治理，态度更彻底了。这里所说的"无事"、"有事"，表明他希望天下尽量不要出现种种事端，因此治理者不要以各种好听的名义给天下找麻烦，这就是最好的治理。反之，名义多、麻烦多，就算不上好的治理。

这段话，翻译出来就是这样——

学得越多，为道越少。少而又少，至于无为。

说是无为，却事事可为。

治理天下，不要自找麻烦。如果有太多麻烦，就不配治理天下。

完全不找麻烦的治理者，那就是圣人。他们会把自己消融到百姓之中，大善大信，想找麻烦也找不到了。这是下一章要描述的美好形象。

第四十九章

前面已经说过，老子所说的"圣人"，是日常世间的得道之人。如果让这样的得道之人来治理天下，将会怎么样？

对此，老子的语调充满了颂扬和期盼。

原文是——

圣人常无心，以百姓心为心。

善者，吾善之；不善者，吾亦善之；德善。

信者，吾信之；不信者，吾亦信之；德信。

圣人在天下，歙歙焉，为天下浑其心。百姓皆注其耳目，圣人皆孩之。

先做几个技术性的说明。

"圣人常无心"，有的版本作"圣人无常心"，但历来的研究者觉得应该是"无心"，如果说成"常心"就是另一种意义了。后来看帛书乙本是"常无心"，因此就定了下来。对于"无心"，解释很多，王安石在《老子注》里说，圣人无心，是指"以吉凶与民同患"，自己则"无思无为"。

另外，所谓"德善"、"德信"的"德"，是"得"的意思，历来很多版本直接作"得善"、"得信"。

还有，"歙歙焉"，是收敛、收纳之意。徐复观解释这个"歙"字，"有如纳气入内"。（见《中国人性论史》）

做了这些说明，就可以畅快翻译了——

圣人无心，以百姓之心为心。

对于善者，我善待；

对于不善者，我也善待。

这就得到了善。

对于信者，我信任；

对于不信者，我也信任。

这就得到了信。

圣人在天下，收纳天下浑朴之心。

百姓只关注耳目，圣人让他们重返婴儿的纯真。

对于最后一句，很多人读的时候会停顿一下。"百姓皆注其耳目"，怎么放到了这里？王弼在《道德真经注》中说，耳为聪，目为明，"注其耳目"就是"各用聪明"，那当然会产生摩擦。释德清在《老子道德经解》中就说得更明白了："百姓皆注其耳目者，谓注目而视，倾耳而听，司其是非之昭昭。"可见这是百姓日常产生纷争的原因。老子刚讲了圣人收纳天下浑朴之心，但百姓由于"注其耳目"而不浑朴了，因此圣人就知道要做什么了，那就是让他们重返婴儿的纯真。老子又一次把婴儿抱了出来。

这一章最为珍贵的论述，是对于"善者"和"不善者"都"善之"，对于"信者"和"不信者"都"信之"，结果就能真正"得善"、"得信"的教言。这教言，来自天下本是一体的思想。生活中，善与不善，信与不信，都存在明显的鸿沟，但老子觉得可以用自己的善良和信任把它们填平。

很多人会问：对于不善、失信的人也应该这么做吗？老子回答说，圣人就会这么做。凡人这么做了，也就靠近了圣人。

第五十章

终于,老子要讲生死问题了。无论对人生,还是对大道,这都不是小问题,但老子讲得很轻松。

老子说——

出生入死。生之徒,十有三;死之徒,十有三;人之生,动之于死地,亦十有三。

夫何故?以其生生之厚。

盖闻善摄生者,陆行不遇兕虎,入军不被甲兵。兕无所投其角,虎无所用其爪,兵无所容其刃。夫何故?以其无死地。

这段话,开头的"出生入死"四个字就让研究者们动了不少脑筋。吴澄在《道德真经注》里解释得比较复杂,他说:"出则生,入则死。出谓自无而见于有,入谓自有而归于无。"王弼则注得简单:"出生地,入死地。"

我自己则在两种解释间犹豫。第一种很哲理化,认为"出生入死"的意思是,一个人一出生,就进入了死的程序;第二种比较简单,认为"出生入死"就是指一个人"出而为生,入土为死",只是泛讲生死，没有太多哲理。我在前一个译本中采用了第一种解释，这次，我则让它仅仅成为一个过渡结构："生死之间"。

因此，我的翻译是——

人，在生死之间出入。

靠近生的，三成；靠近死的，三成；自己找死的，三成。怎么找死？奉养过度。

听说真正善于摄护生命的人，走在陆地上遇不到犀牛和老虎，进了军队也不被伤害。对他们，犀牛用不上角，老虎用不上爪，兵器用不上刃。

这是为什么？因为他们还没有进入死亡名册。

在老子看来，生死是一种自然安排。谁安排的？大道。他所说的靠近生的三成，靠近死的三成，这都是自然安排。唯有另外三成，违背了自然安排，因此成了自己找死。

一个人，如果不违背自然安排，认真地摄护生命，那么，自然大道就不会让他夭折，因为他还没有到时间。文中说犀牛、老虎、兵甲对他都没有办法，无非是表明：当自然大道还没有安排时，他怎么也死不了。犀牛和老虎，并不是童话故事，而是象征物件。

因此，老子说生死，还是在说大道。

第五十一章

《老子》的全文，又叫《道德经》。这一章，他真的要把"道"和"德"连在一起讲。这是他论道系列的新篇章。

先看原文——

道生之，德畜之，物形之，势成之。
是以万物莫不尊道而贵德。
道之尊，德之贵，夫莫之命而常自然。
故道生之，德畜之，长之育之，亭之毒之，养之覆之。生而不有，为而不恃，长而不宰，是谓玄德。

前面两行是一个完整的长句，如果用现代语文习惯来表述其间的逻辑，可以倒过来说：为什么世间万物都那么尊重道和德呢？因为它们都是由道生成，由德养育，才成形成势的。

由道生成，由德养育，这种说法就牵涉到道和德的性质和功能了。

首先，道和德的内容是高度一致的，因此面对万物可以起到相得益彰的承接和延续。

其次，它们的地位和形态有点区别。道是创建，德是守护；道是启悟，德是实行；道倾向动态，德倾向静态；道横贯千里，德打理院落。

再次，道面对宇宙天地，德面对人生人伦。陈鼓应说，德是经验化、人生化的道。

总之，道和德，为体为用，互为表里，互相生成，谁也离不开谁。我与陈鼓应的看法略有不同，认为道并没有把任何与人生有关的内容都交给德，道也明确参与人生，建立了人间大道。

老子在这一章中，又说了道和德备受尊重的原因，那就是不命令万物，只尊重自然。

这样，道和德在养育万物的过程中就形成了一种默契、一种共识，当然，也可以说是形成了一种"道德"，那就是："生而不有，为而不恃，长而不宰。"老子把它称为"玄德"，也就是深远的玄秘之德。这种"玄德"，后来也成了中华文化的默契和共识。

这一章的译文是——

道生万物，德育万物，并使它们成形、成势。
所以，万物莫不尊道而贵德。
尊道贵德，因为它们从不给谁下令，一切出于自然。
于是，滋生万物，养育万物，长之育之，成之熟之，养之护。
生成了万物而不占有，养育了万物而不自恃，执掌了万物而不主宰，这就是最深远的德，称为"玄德"。

这一章的原文，还有一个词语上的说明。文中讲到万物有一个成长过程，其中出现了一个惹眼的字"毒"。这里的"毒"，就是"熟"。高亨说，"毒"也应该读作"熟"，两字在古代某些场合因为音近而通用。前面那个"亭"字也一样，因为音近而与"成"通用。这一来，文中的"亭之毒之"也就成了"成之熟之"。

第五十二章

对道德的论述还在深入。

老子显然对上一章所说的"道生之，德畜之，长之育之，亭之毒之，养之覆之"这一个有关万物生长的宏大图谱极为看重，却又意犹未尽，尤其对于"道生之"这个起点还想继续展开，因此有了这一章。他认为，既然万物都是"道生之"，那么，道就是一切之始，就是万物之母。道是母亲，就会有母子关系，儿子们应该怎么做呢？

大家还记得第四十二章曾经以"道生一"来论述"宇宙生成论"，现在这一章有所不同，主要是讨论被道所生的一切人、一切事如何恪守本分，其中包括常人、智者、君主。从这一章开始，他在之后的好几章中都会延续这个话题，而且越来越把焦点集中在君主的治理原则上。

那就先看这一章，他从"天下有始"说起。

原文是——

天下有始，以为天下母。既得其母，以知其子；既知其子，复守其母，没身不殆。

塞其兑，闭其门，终身不勤。

开其兑，济其事，终身不救。

见小曰明，守柔曰强。用其光，复归其明，无遗身殃，是为袭常。

此文一开始就说"天下有始，以为天下母"，就是说道是天下的起始，因此也是天下的母亲。然后，从"母"说到了"子"。"子"只要守护好这位伟大的母亲，终身都不会陷于危殆。

但是，如何守护？如何背靠着这位母亲来面对复杂的外部世界？

接下来的文字，就需要做一些词语上的化解了。

"塞其兑"，这个"兑"是什么？为什么要塞住？《易经》中说："兑为口。"原来，是指少说话，尽量不说。接下来是"闭其门"，意思倒是很明白。但是，为什么要不开口、不开门呢？王弼解释道："兑，事欲之所由生；门，事欲之所由从也。"简单说来，口生事，门多事。清代学者高延第在《老子证义》中说得更清楚："兑，口也。口为言所从出，门为人所由行，塞之闭之，不贵多言，不为异行。"

老子说，"塞其兑，闭其门"的好处，是"终身不勤"。这又让现在的读者纳闷了，因为"勤"在现代的意思很正面，怎么"不勤"反倒是好结果了呢？这里就有了两种解释。马叙伦说："勤借为瘽，《说文》曰：'瘽，病也。'"那就是说，一个人只要塞口闭门，就会无病无灾。陈鼓应说："这里的'勤'作普通'勤劳'讲，含有劳扰的意思。"那就是说，一个人只要塞口闭门，就不会有烦劳。两种解释都不错，但我从"终身不勤"与"终身不救"的对仗意义上，更偏向于马叙伦的解释。

还有一个词语障碍就是最后的"袭"。也有两种解释，一是"承袭"，承袭常道，很好懂；二是"习"，习惯于常道，因为《周礼·胥师》注上有言："故书袭为习。"其实这两种解释区别不大，我在翻译时，看上了"袭常"这两字与"习以为常"这个成语的过渡，因此采用了第二种解释，即袭习同义。

那就可以看看译文了——

天下有始源，那就是天下之母。

认定了"母"，就会认定"子"。认定了"子"，就会守护"母"。这样，就终身不会陷于危殆。

塞住口，关住门，终身无病。

打开是非口道，启动事欲之门，那就会终身无救。

能见细微，叫明。

能守柔弱，叫强。

那就用它的光，复归其明，不留祸殃，习以为常。

按照这个比喻，既然母亲是天下之母，那么，有幸成为她的儿子就不应该随便言语和交往，还要细致温顺，"见小"、"守柔"，这才算得上一个称职的儿子。

如果跳出这个比喻，从哲学上讲，那么，老子是主张在守道的过程中，要建立低调的内循环，而不要耗损于高调的外循环。

既然说到了这里，我必须表述自己的评论了。老子的理论意图很清晰，但是，"内循环"和"外循环"是不可分割的。塞住口，闭其门,如果作为一个比喻是可以的,如果作为普遍规则就有偏激之嫌。这就像在生活中,少说话的人未必深刻,少出门的人未必专心。既然"母"是"万物之母"、"天下之母",那么如果封闭,也就不再有万物,不再有天下。只有交流,才能"天下一体";只有交流,才有大道之大。

但是,无论如何,老子的论述还是重要的。人们应该记住他的提醒:口和门,都是天下是非的孔窍,要懂得收敛,然后静静地为大道让路。

第五十三章

既然是在说大道,那就要明白,在大道边上一定有邪路。而且,邪路往往更有魔力,很多人只要有权势,就会本能地向邪路走去。

老子对一般人背离大道的行为总会反复劝导,但是,对于权势者离开大道走邪路却非常愤恨,他甚至直斥他们是强盗。

原文是——

使我介然有知,行于大道,唯施是畏。

大道甚夷,而人好径,朝甚除,田甚芜,仓甚虚,服文彩,带利剑,厌饮食,财货有余。

是谓盗夸,非道也哉!

仍然先解决几个词语难点。

先说"施"。清代学者钱大昕在《潜研堂文集》中说,"施"古音"斜","斜"、"邪"音义皆同。清代学者王念孙在《老子杂志》中说,"唯施是畏"的意思,是"唯惧其入于邪道也"。当然,邪是"施"的一解,而不是全解。

再说"径"。河上公在注解中说:"径,邪不平正也。"仍然是邪,指邪道。同样，邪也只是"径"的一解，而不是全解。

最后说"盗夸"。多数研究者公认，是指"盗魁"。韩非在《解老》篇中把"盗夸"写作"盗竽"，并说竽是五音中的长者，"盗竽"就是领头的大盗。

这样就可以翻译了——

只要我介然有知，就一定行于大道，怕入迷途。

大道平坦，但是有的君主却好走邪路。宫殿整洁，农田荒芜，库存空虚，身穿彩服，佩带利剑，饮食饱足，占尽财富。

这就是强盗头子，非道之徒！

第五十四章

骂过了走邪路的"强盗头子"之后，老子平平气，觉得还应该说说走正路的人应该是什么样的。既然把走邪路的情状罗列得不少，那么，走正路的情状也应该讲述得比较完整。那就出现了这样一段——

善建者不拔，
善抱者不脱，
子孙以祭祀不辍。
修之于身，其德乃真；
修之于家，其德乃余；
修之于乡，其德乃长；
修之于邦，其德乃丰；
修之于天下，其德乃普。
故以身观身，
以家观家，
以乡观乡，
以邦观邦，
以天下观天下。

吾何以知天下然哉？

以此。

这确实够全面的了，从自身到家，到乡，到邦，到天下，构成人生要面对的全部系列，而且都以"德"贯穿。由此可见，老子的"道"和"德"都有不同的空间度量，最后才组合成"天下"的整体概念。由于"德"是"道"的实行者、守护者，因此在每一个不同的空间，都有"德"的身影。除了前面讲过的不少德行外，这里又增加了一种德行，那就是设身处地、感同身受、推己及人。

现在可以把这完整的德行系列翻译一下了——

善于建树者，不可拔除。
善于保持者，不会脱落。
这种人，子孙会祭祀不辍。
这种人——
修之于身，其德乃真；
修之于家，其德乃余；
修之于乡，其德乃长；
修之于邦，其德乃丰；
修之于天下，其德乃普。
怎么修？
以自身关照别人，
以自家关照别家，

以自乡关照别乡，

以自国关照别国，

以天下关照天下。

我为什么能够知道天下？

就是这个原因。

读者们一定会发现，这个译本很奇怪，其中有五句保留了原文，完全没有翻译。这就牵涉到我有关古典今译的一个理念了。今译不是注解，而是话语系统的转换。但是，汉语的古今话语系统具有互融关系，古代也可以用白话文写成佳作，例如《红楼梦》。那么，在现代的白话文系统中，也可以拥抱一下凝练而又不难理解的古典话语。例如，这一段的"身"、"家"、"乡"、"邦"、"天下"这些概念与现代话语完全相同，而"真"、"余"、"长"、"丰"、"普"这些词也完全能以单字方式被现代读者品味并接受，未必要说成"真实"、"有余"、"尊长"、"丰盛"、"普遍"才算翻译。同一种汉语的古今之译，与两种外语之间的翻译并不相同，我在译文中保留一些不译的句子，也是古今之译的一种实验。

整段文字的最后一句是老子自白，说自己之所以能知天下，就是因为能够一直感受并关照不同的对象。

第五十五章

这一章，老子仍然从人间之德出发，继续仰望道。

在第五十章老子曾经说过，善于摄生的人，没有被大道列入死亡名单，因此犀牛、老虎、兵甲都伤害不了他。这是从死亡的边际线上来思考大道与生死的关系。现在，老子要把这个思考的边际线大大拉前，拉到生命的起点，然后告诉人们，含德深厚的人就像婴儿，虽柔弱却不可侵犯。他已经好几次以婴儿作比了，但每一次功用都不同。这一次，他主要是想表述这样一种看法：得道含德的人，能以初生之气把生命和合、点亮。

原文是——

含德之厚，比于赤子。毒虫不螫，猛兽不据，攫鸟不搏。骨弱筋柔而握固。未知牝牡之合而朘作，精之至也。终日号而不嗄，和之至也。

知和曰常，知常曰明。益生曰祥，心使气曰强。物壮则老，谓之不道，不道早已。

这段话的前半部分围绕着婴儿的比喻，但引出了一个重要概念

"和"。后半部分，由"和"引出第二个概念"常"，接着是第三个概念"明"。因此，"和"、"常"、"明"，是三个理论重心。

"和"，在老子这里出现过几次，一般有两种理解：一是阴阳调和，二是阴阳互冲而产生了一股新的气叫"和气"。我觉得这两种理解差不多，因而找出它们的共性，概括为"和合"。

"常"，含义很多，我根据《老子》的前后文和中国古代哲学的习惯含义，解释为"常性"。

"明"，解释更多了，有的是名词，有的是形容词，有的是动词。我从《老子》的行文揣测，取其动词功能，作"点亮"。

在这三个概念之后，出现了四个字叫"益生曰祥"，猛一看都是好字，其实不太好。"益生"是指"贪生"，而且是一种纵欲式的贪生。"祥"在这里是指"妖"。因此，"益生曰祥"的意思竟然是"纵欲遭殃"。

于是，就有了这样的译文——

含德深厚的人，和婴儿一样。

毒虫不刺他，猛兽不伤他，凶鸟不抓他。他筋骨柔弱却已经拳头紧握，他未知男女却已经能够勃起，因为精气健旺。他终日号哭而不哑，因元气和合产生了力量。

要知道，和合是世间常性，这种常性就能把万物点亮。

相反，纵欲贪生就会遇妖，内心使气就是逞强。过分强壮不合于道，不合于道就会早早衰亡。

这个译本和我已发表的译本有不少差异。主要是，以前的译本更追求文学效果，而这次则对"和"、"常"、"明"等概念有了更多的哲学掂量。

这一章从婴儿的比喻开始，到衰亡结束，前后对比强烈。柔弱的初生状态是无敌的，而强壮的过渡状态是必须担忧的，因为，过分强壮不合于道。"物壮则老，谓之不道，不道早已"，这十二个字十分警策。

第五十六章

过于强壮就会衰亡，于是老子要人们"返婴"。但"返婴"的说法比喻性太强，人们不容易获得共识，因此老子又提出了更有普遍意义的"和光同尘"学说。这个学说的内容我们已经在第四章见到，可能是刻写重叠，而相比之下，放在这一章更"入位"。

在第四章和本章重叠出现的词句是："挫其锐，解其纷，和其光，同其尘。"我当时的翻译是："挫去锋锐，解除纷争，与光相融，混同世尘。"这，就是"和光同尘"学说的基础话语。相比之下，"挫其锐，解其纷"不太重要，"和其光，同其尘"非常重要。这是因为，前六个字是指人的行为方式，后六个字是指人的生存形态。

这种生存形态，不是"无"，不是"空"，但又很接近"无"和"空"，那就是生命与光相融，混同世尘。光，虽无实体却给天下带来明亮，促成万物的生长；尘却没有这么高尚，而是笼罩民俗生态。于是"和光同尘"，让人弥散成无色、无声、无形的存在，却又包容高尚和卑下。

老子把这种生存形态命名为"玄同"，也就是以玄妙的方式与天下同化。明代学者王道的《老子亿》有记："玄同者，与物大同而又无迹可见也。"陈鼓应认为"玄同，玄妙齐同的境界，即道的境界"。

试想，当一个人自称"我是光"的时候，未免有点骄傲，但老子悄悄提醒，他必须再加一句"我是尘"。一个人的生命如能这样，那就是能高能下而融成一体，不见形迹而气吞山河，实在令人崇敬。

因此，在老子之后漫长的历史上，很多智者都把"和光同尘"、"玄同"作为自己的人生观。

讲了这一章的核心思想之后，要谈谈其他句子了。

先是开头那句，"知者不言，言者不知"。字面意思很明白：真正知道的人不多说话，而成天说话的人却有点无知。但是蒋锡昌在《老子校诂》中说："是'言'乃政教号令，非言语之意也。"叶梦得也在《老子解》中说过："号令教戒，无非言也。"陈鼓应的观点与他们比较接近："智者是不向人民施加政令的，施加政令的人就不是智者。"

我的看法与他们不太一样。从这一章的主旨看，老子在这里讲的是普遍人生原理，而不是特指政治人物，当然，也包括他们。

确实，世事混沌，如果对人对事达到了"知"的程度，那内涵一定非常复杂，总是一言难尽。因此，"知者不言"，至少不多言。如果滔滔不绝，有三种可能：一是以一见当全知，二是为掩盖真相，三是为了表演口才。这三者，都可归入"不知"的范畴。如果权势者如此，结果当然更加可怕。

我认为老子在这里不是特指政治人物，还有一个文本上的理由。因为老子接下来提出的"玄同"境界，对天下各种人都一视同仁："不可得而亲，不可得而疏；不可得而利，不可得而害；不可得而贵，不可得而贱，故为天下贵。"由此可见，他是泛指，而不是特指。

我对这一章的翻译，还是安顿了一些易懂的原文——

知者不言，言者不知。
塞住口，
闭其门，
挫其锐，
解其纷。
与光相融，混同世尘。
这就叫"玄同"，
玄妙大同之境。
在这里，
不分亲疏，
不分利害，
不分贵贱，
所以被天下尊敬。

原来，之所以"天下贵"，是因为"天下同"。
"玄同"之"玄"，也与此有关。

第五十七章

我在解析上一章的时候，阐明了老子那些观念不是特指政治人物，而是泛指普遍人生。但是，我在前几章又说过，老子到这时已经把政治人物当作他观察的焦点，因此讲着讲着总会带出他们。什么时候，他在泛指了普遍人生之后又要特指政治人物了呢？眼下这一章就是。而且，后面一连四章，都是。

这一章，老子开始比较完整地表述自己的政治观念。当然，仍然是在"大道"、"无为"思想指引下的观念。

先看原文——

以正治国，以奇用兵，以无事取天下。
吾何以知其然哉？以此——
天下多忌讳，而民弥贫；
人多利器，国家滋昏；
人多伎巧，奇物滋起；
法令滋彰，盗贼多有。
故圣人云：我无为，而民自化；我好静，而民自正；我无事，而民自富；我无欲，而民自朴。

开头就说"以正治国,以奇用兵",那就需要讲讲"正"、"奇"这两个字了。其实,这是中国哲学中的一个对立范畴。"正",是指正当、安定、常例;"奇",是指奇巧、异常、罕例。两者基调相反,却构成互补。

例如,大而言之,从国到家,都需要以"正"定位、立基,又需要以"奇"激活、创新。小而言之,即便是个人,也需要以"正"来安身立命,显示人格,又需要以"奇"来发挥个性、创造奇迹。如果只取一端,就会产生偏侧。

老子在这里把"正"分给了治国,把"奇"分给了治兵,分得很好。治国不可用诡道,而应该是朗朗乾坤间的端然肃然,但治兵就不能这样了,过于正规,反易失败。治国、治兵的目的,是要天下无事,因此,"正"、"奇"两个箭头共同指向一个"无"字。

为什么要以天下无事为目的?因为他不断看到的都是"逆向因果"。那就是,禁忌导致了贫困,利器造成了混乱,技巧鼓励了邪事,法令增加了盗贼。既然如此,圣人治理,就不想那么多点子了,只需无为、无事、无欲,安安静静。

这已经形成了一个系统的思路,但在逻辑上显然是太简单、太片面了,而且里边还存在着矛盾。你看,一上来就说"以正治国",也就是肯定了"治",而且分明是主张以"正"来治理"不正"。那么他作为逻辑支点的弥贫、昏乱、奇物、盗贼,都是治理的对象。产生这些坏事,确实与错误的作为有关,但是要消除,应该采取正确的作为,那就是"以正治国"。任民众"自然化育"并不可靠,因为民众极易上当。任好事、坏事各自发展更不看好,因为丛林规则常常是劣胜优汰。

我前面说过,老子在治理问题上"无为"构想的简单化,原因之一是他实在太老,未曾见识从战国到秦汉的政治大实践。然而"未曾见识"还能说出那么多让后代政治家怦然心动的话,这毕竟让人佩服。

我对这一段的翻译是——

以正治国,以奇用兵,以无为来执掌天下。
我为什么要这样做?
根据是——
天下禁忌越多,人民越是贫困;
民间利器越多,国家越是混乱;
人们技巧越多,邪事越是滋生;
法令越是彰显,盗贼越是大增。
所以圣人说:
我无为,人民自然化育;
我好静,人民自然端正;
我无事,人民自然富裕;
我无欲,人民自然淳朴。

这一章,在中国文化史上影响很大。我尽管并不完全赞同其中的观点,却非常喜欢老子在说这段话时所用的口气。故意说一些过头话,但表现出一种诚恳。尤其是最后一段放进了四个"我",很有味道。全文产生了一种有节奏的排比,但读起来又觉得自然。

第五十八章

仍然是谈政治。这一章中的"祸兮福之所倚，福兮祸之所伏"，早已成为千年名句，而且确实体现了中国人的思维方式。

这句话的意思用不着讲解，大家都很明白，我则欣赏它的文学品质。祸与福，是两个极大、极泛的概念，但老子要说明两方面的互存关系时，却用了最具体、最感性的两个动作，一是"倚傍"，二是"埋伏"，形象地描述了抽象概念无法穷尽的含义，真是高明。

研究者们对这句话，发表过很多评述。在当代，比较有代表性的是冯友兰在《中国哲学史新编》中的一长段文字，不妨抄录一下供大家参考：

> 祸可以转化为福，福也可以转化为祸，但都是在一定的条件下才是如此，例如主观的努力或不努力等，都是条件。在各种条件中，最主要的是对立面的斗争。照《老子》所讲的，好像不必有斗争，祸自动地可以转化为福；没有斗争，福也必然转化为祸。这是不合事实的。《老子》的这种思想，是没落奴隶主阶级的意识的表现。他们失去了过去的一切，自以为是处在祸中，但又不敢公开反抗，只希望它自动地会转化为福。这是不可能的。

这样的评述，而且是写到了哲学史上，我无法赞同。

第一，老子只是宏观地、静态地分析祸和福之间的互存关系，并没有论及它们之间的转化。把批评延伸到论题之外，很不妥当。

第二，推断老子否认主观努力，没有依据。

第三，把老子关于祸福并存的学说说成是"没落奴隶主阶级的意识"，这是把现代的"阶级斗争"教条强加给古代哲学史。

第四，把老子关于祸福并存的学说批判为"自以为是处在祸中，但又不敢公开反抗"，是凭空臆想，也是对古代思想家的不敬。

我想，冯友兰写下这些文字，也许与某个阶段的社会气氛和学界风习有关。他，本来不该这样。

接下来，我们可以说一说这一章的其他文字了。

第一句的"闷闷"，有"敦厚"之义；后来的"缺缺"，正好相反，有"狡诈"之义。

"方而不割"，意思很好。一个方正的人很容易伤及他人，但也有可能不伤。宋元之际的学者吴澄在《道德真经注》里说："方，如物之方，四隅有棱，其棱皆如刀刃之能伤害人，故曰割。人之方者，无旋转，其遇事触物，必有所伤害，圣人则不割。"

"廉而不刿"，与"方而不割"意思相近。"廉"，义为利。"刿"，义为刺伤。

理解其他字句就没有障碍了，那就看看译文吧——

政治宽厚，人民就淳朴，

严治严苛，人民就机诈。

祸兮，福之所倚；

福兮，祸之所伏。

谁知究竟如何？

实在没有定准。

正常变为反常，

善良变为妖孽，

人们对之迷惑，也是由来已久。

因而要看圣人举止——

方正而不割人，

锐利而不伤人，

正直而不压人，

光亮而不耀人。

这一章除了有关祸福的名句外，最后的四个"不"也值得记忆。固然，"方"、"廉"、"直"、"光"都很有架势，但摆出了架势却特别需要顾及他人，尽量要做到不割人、不伤人、不压人、不耀人。

第五十九章

老子继续谈治理和治理者。他在这一章提出了一个特别的概念"啬"。

"啬"是什么意思?

高亨在《老子正诂》中说:"是啬本收藏之义,衍为爱而不用之义。此啬字谓收藏其神形而不用,以归于无为也。"那么,这个"啬"字在治理上的意义就是"及早地储存而不浪费"。表面上,这与农民的生态方式差不多,因此农民有时也被叫作"啬夫"。但深入地来看,及早地储存而不浪费也正合乎道。所以连那么早的韩非都说:"夫能啬也,是从于道而服于理者也。"

"啬",来自爱惜。爱惜到舍不得用,不用还在积,这就使爱惜得到了一种令人注目的定型。这种爱惜、积累,也合乎治理之道。因此老子开头就说:"治人事天,莫若啬。"

说到治人事天,那么这种爱惜、积累、减耗,首先不是财物,而是德。积德,越早越好,越多越好,结果就会"无不克","莫知其极"。

请看,从一个"啬"字出发,构成了一整套政治观念。因此,也可以称之为"爱啬政治学""积德政治学",或者幽默一点,就叫"啬夫政治学"。

知道了核心，就可以一览全文了——

治人事天，莫若啬。

夫唯啬，是谓早服。早服谓之重积德，重积德则无不克，无不克则莫知其极，莫知其极可以有国，有国之母可以长久。

是谓深根固柢，长生久视之道。

整个行文中，除了我们已经解释过的"啬"之外，还有一个词语障碍就是"早服"。历来有两种解释，第一种是王弼、高亨说的，"早服"就是"早返道"；第二种解释以清代姚鼐为代表，他在《老子章义》中说："服者，事也。啬则时暇而力有余，故能于事物未至，而早从事以多积其德，逮事物之至而无不克矣。"我赞成姚鼐的解释，把"早服"理解为"早有准备"。

理解没有了障碍，那就可以翻译了——

治人、事天，都应该"啬"。

由于爱惜到"吝啬"，就能早有准备，重在"积德"。

重在积德，无所不克。无所不克，莫知其极。莫知其极，便可以治国。治国有根，可以长久。

这就叫作：深根、固柢，长生之道。

第六十章

　　还是讲治理。老子原来习惯说的"治"、"治民"、"治天下",到这里就出现了一种定位:治国,而且是"大国"。后面,还会出现"大邦",意思一样。

　　这一章的第一句,"治大国若烹小鲜",也是千古名句,人所共知。但是对它的含义,却不是"共知"。

　　一般说来,大约有三种理解。

　　第一种理解,是把大事当小事来做。即使遇到治国这样的大事也不要有太大压力,不妨轻松面对。

　　第二种理解,是展现帝王气概。既然是"天子下凡",还会有什么难事吗?一切都是"小菜一碟"。

　　第三种理解,是说治国要像煎小鱼一样,不要随便翻动。

　　这三种理解的共同毛病,是与后文所说的"道"很难联结。

　　相比之下,第一种理解比较通俗,第二种理解是帝王心理,第三种理解被学界重视,但还没有疏浚与后文的关系。

　　那么,后文在讲什么呢?

　　后文是说,如果以道治天下,那么,鬼神和圣人都不起作用,既帮不了,也伤不了,因此各自相安,归于寻常。

如果以这个后文来反推"治大国若烹小鲜",那么,可能会是这个意思:以道治大国,不必考虑上面的宏大力量,我们只管安心做自己的事,就像返回自家厨房慢慢煎小鱼。煎小鱼,就不必大手大脚。

掌权者都会在意头顶上那些似鬼、似神、似圣的力量,老子说,不必理它们,因为我们有道。后来有很多学者还认真注释,说鬼是"阴之灵",神是"阳之灵",我们有了道,那些"灵"就不灵了,甚至阴阳和顺了。因此,天下万物就能互不相伤。

这里也透露了一个重要信息,老子由于信奉大道,就不信奉鬼神。这在他的时代,表述得如此明确,很不容易。

那就可以一读原文了——

治大国若烹小鲜。
以道莅天下,其鬼不神。
非其鬼不神,其神不伤人。
非其神不伤人,圣人亦不伤人。
夫两不相伤,故德交归焉。

这里出现了四次的"伤"字,当然有"伤害"之意,但在古代还有一解,比较温和,为"妨碍"。因此,"不伤人"有"不妨碍人"的意思。

我的翻译是——

治大国,就好像煎小鱼。

以道治国,鬼怪就不能混同于神。
鬼怪不神,而神本身又不妨碍人。
不仅神不妨碍人,圣人也不妨碍人。
彼此互不妨碍,归德于民,相安无事。

第六十一章

这一章开头就是"大邦"两字，一看就知道仍然要讲治理，而且是治国。

老子要讲治国时首先遇到的麻烦问题是：如何处理大国与小国的关系。

老子所说的"大国"与"小国"，与后代的理解有很大差别。但是，他的带有"古早意味"的外交思维，有一种单纯的智慧，不应该全然看成已经"过时"。

先读原文吧——

大邦者下流，天下之牝，天下之交也。

牝常以静胜牡，以静为下。

故大邦以下小邦，则取小邦；小邦以下大邦，则取大邦。

故或下以取，或下而取。大邦不过欲兼畜人，小邦不过欲入事人。

夫两者各得所欲，大者宜为下。

还是先解释几个词句。

上来说"大邦者下流",是一个比喻,说明大国就像处于江河的下流。这"下流"同于"下游",但范围较小,意义较泛。

"牝"、"牡",指雌雄,古代的惯常用法。

后面有六个"下"字,指的是"谦下",一种态度。

与这个"下"相关,出现了两个短句:"或下以取,或下而取。"区别是一个"以",一个"而",都是虚字。该怎么理解呢?张默生在《老子章句新释》中评介这两句的意思是:"或谦下以取得小国的信仰,或谦下而取得大国的信任。"这一来,"以"和"而"的区别看出来了,但两个短句都略去主语,因此还是没有说明白。陈鼓应看到了这个毛病,便在翻译中用括弧注明了主语和宾语:"有时(大国)谦下以会聚(小国),有时(小国)谦下而见容(于大国)。"内容当然是说清了,但实在是太冗琐了。请对比一下,原文只不过是"或下以取,或下而取",前后只有一字之差。古典汉语的简练,让人感叹。我受其影响,用了现代散文的节奏来表达一种新的简练:"只要谦下,或者取信,或者被取信。"

在词语上,老子最希望朴素和精少。他如果看到啰唆而又缠绕的"准确",一定会皱眉。

那就把我对这一段的翻译呈示一下——

大国,理应处于江河下流,处于天下阴柔处,处于天下交汇处。

阴柔常常以安静胜过刚强,就是因为它静静地处于下方。

因此大国如果能以谦下的态度对待小国,那就能取信小国;小国如果能以谦下的态度对待大国,那也能取信大国。总之,只要谦下,或者取信，或者被取信。

大国不要过于引领，小国不要过于奉承。那么，两者都能各得所欲。相比之下，大国更应该谦下。

讲的是大国、小国的关系，但老子要所有的国家不分大小都谦下、谦下、谦下。这又回到了他的理论主体，道的柔、静、弱、下。

因此，他讲道的劲头又来了。

第六十二章

这一章讲道的两项秉性：一是穿越善与不善，二是高于最高权位。这对习惯思维和权位思维，都是突破。

先看原文——

道者万物之奥。善人之宝，不善人之所保。
美言可以市尊，美行可以加人。人之不善，何弃之有？
故立天子，置三公，虽有拱璧以先驷马，不如坐进此道。
古之所以贵此道者何？不曰：求以得，有罪以免邪？故为天下贵。

为什么道能穿越善与不善，使不善的人也想保存一些呢？老子得出的答案是，道所带来的"美言"、"美行"太有社会影响力了。美言可以让人获得尊敬（"市尊"），美行可以让人加重分量（"加人"），这种结果，会让不善的人也非常羡慕，他们怎么会不要？

连不善的人也能动心的"美言"、"美行"，在版本上曾经出现过一个小问题。王弼注本上出现的是"美言可以市，尊行可以加人"。这容易使人产生对"美言"和"市"的误解。但是，《淮南子》在引述这段话时已经是"美言可以市尊，美行可以加人"。清代俞樾在

《诸子平议》中认为王弼注本可能抄漏了字，结果把上半句末尾的那个"尊"字错移下来了。我觉得俞樾的看法是有道理的。

顺便要说，这里的"市"并不是买卖的意思，而是"获取"之义；而"加人"的"加"，则是"加重"之义。

这么一说，大家就能明白，"美言"、"美行"所产生的正面效应，确实会让不善的人也眼睛一亮，更不必说处于善与不善之间的普通民众了。

从这一段表述来看，老子很看重社会影响力对一般民众所产生的吸引力，甚至也不反对自古以来对道的神奇传言，例如能够有求必应、消弭罪责等等。让普通民众能在这种社会影响力中渐渐向大道趋近，是一件好事。这再一次表明，老子是不在乎种种区分和界限的，相信大道有能力把天下归为一体。

至于道"高于最高权位"的观点，在老子看来是常识，他以天子登基应该以什么献礼作为话由，来说明这个问题。

以下是这一章的翻译——

道是万物之藏。善良的人珍惜它，不善的人也想保有它。

美言令人尊敬，美行被人看重。因此，即使不善的人也舍不得把道丢弃。

请看天子登基，三公上任，虽有拱璧在前，驷马在后，还不如以道献礼。

自古以来人们对道如此重视，似乎有求就能获得，有罪也能减免。可见，道，总被天下推崇。

第六十三章

道，既能摆正大国与小国之间的关系，又能疏通善与不善之间的界限，好像力量无限。但实际上，这种摆正和疏通，都没有"着力"的姿态，更没有"做作"的印痕，一切都自然而然。因此，老子又要讲述他的核心思想"无为"了。

这一章有不少很精彩的短句，既让人感受到老子的睿智，又使人惊叹汉语的神奇。例如，上来这九个字就不能不惊叹："为无为，事无事，味无味。"三字一组，每组中第一字与第三字完全一样，三组中第二个字又完全一样。这种简洁的重叠结构，一定巧埋深意。这九个字，怎么翻译都会显拙，而智者一见就能明白。

接下来是"大小多少"这四个字。这四个字能成为独立的意思存在吗？历代研究者根据一般阅读习惯，产生了怀疑。连姚鼐、奚侗、蒋锡昌这些老子研究专家都认为脱字了，或写错了。但高亨却在《老子正诂》里做出另一种解释："大小者，大其小也，小而以为大也。多少者，多其少也，少而以为多也。"按照他的意思，"大小多少"不是并列的四个字，而是可以分为两组。"大小"，"大"是动词，也就是看大、做大，"大小"就是把"小"看大、做大。那么，"多少"也是同样，把"少"看多、做多。

当然，也可以反向回转：把"大"看小、做小，把"多"看少、做少。

结果，大小之间颠倒了，多少之间反转了。

这种事例，在历史上比比皆是。但老子居然只用了四个字就把它们全都包罗在里边了。

然后，他又趁势，在大小、难易上说了一些"逆向因果"逻辑，说得特别让人开窍。

这个由不少精彩短句组成的原文，是这样的——

为无为，

事无事，

味无味，

大小多少。

图难于其易，

为大于其细。

天下难事，必作于易；

天下大事，必作于细。

是以圣人终不为大，故能成其大。

夫轻诺必寡信，多易必多难。

是以圣人犹难之，故终无难矣。

看到"天下难事，必作于易"、"天下大事，必作于细"，我们就更能明白第六十章的那句"治大国若烹小鲜"了。

并不是不知道治大国的事情多难多大，但必须找到一个又小又容易的着手处。

　　接下来那句"圣人终不为大，故能成其大"，又把这个思想更往前推了一步，那就是，如果终于把大事做成了，明道的圣人也不把它看大，更不把自己看大。结果，远远看去，那倒是真正的大。

　　下面是这一章的译文——

把无为当作为，
把无事当作事，
把无味当作味。
大可以为小，小可以为大；多可以为少，少可以为多。
从容易处开解难题，
从细小处来做大事。
其实天下难事，必从易处着手；
天下大事，必从细处开始。
圣人始终不自以为大，因而成就了真正的大。
轻诺必寡信。把事情看容易了，必然多难。
圣人总是重视困难，结果反而没有困难。

第六十四章

上一章讲到"天下难事，必作于易"、"天下大事，必作于细"，已经涉及了操作智慧。老子对实际操作也很有兴趣，因此还要继续讲讲在治理过程中如何发现时机、做出应对，又如何重视积累、慎终如始的问题。老子在这一次讲述中，也留下了一些千古名句。

原文为——

其安易持，其未兆易谋。
其脆易泮，其微易散。
为之于未有，治之于未乱。
合抱之木，生于毫末。
九层之台，起于累土。
千里之行，始于足下。
民之从事，常于几成而败之。
慎终如始，则无败事。

这中间的"合抱之木"、"九层之台"、"千里之行"三句，在中国民间早已耳熟能详，很多人都可以随口吐出。按照我的翻译原则，就保留原文，不用生涩的现代语文来解释古代熟语。这一来，我的翻译比较轻松了。请看——

局面安稳，容易持守；未出预兆，容易图谋。
脆弱之时，容易消解；细微之时，容易流走。
在未有时动手，在未乱时统筹。
合抱之木，生于毫末。
九层之台，起于累土。
千里之行，始于足下。
人们做事，常败在即将成功之时。
慎终如始，则无败事。

这一章有两个版本学上的问题，需要交代一下。

第一个问题，原文在"千里之行，始于足下"之后，还有四句："为者败之，执者失之，是以圣人无为故无败，无执故无失。"这四句，与上下文内容不接，而"为者败之，执者失之"的说法在第二十九章已经出现过，因此奚侗、马叙伦等研究者认为是"误羼"、"错置"。我在以前发表的译本中把这几句加入了，但细细品味确实觉得上下不洽，因而在这个译本中也就删去了。

第二个问题，在全文最后，本来还有三十余字，同样感到与前后文不连贯，应该也是错置。但是，与何处错置？应返回何处？无法定论。我没有把这些字句放入原文和译文，却想把它摘引出来，再翻译一下，也算安顿了这些流浪的文字。文为——

是以圣人欲不欲，不贵难得之货；学不学，复众人之所过，以辅万物之自然而不敢为。

翻译如下——

因此，圣人的欲望就是不欲，对稀有之物并不看重；圣人的学问就是不学，弥补众人过错，辅助万物自然，不敢另有作为。

发现没有，这几句"无家可归"的话，质量极高。其中"欲不欲"、"学不学"的提法，让人想起"为无为"、"事无事"、"味无味"的句式。但是相比之下，这"欲不欲"、"学不学"六个字更具有醒人耳目的哲理。请想一想，"圣人的欲望就是不欲"、"圣人的学问就是不学"，这是多么重要的判断。但是，既然"不学"，那还会有什么学问呢？紧接着就提供了答案：最重要的学问就是弥补众人过错，辅助万物自然。

你看，即使是弄丢了的句子，也是字字珠玑。

第六十五章

终于,我们要讲老子颇受争议的一章了。

既然有麻烦,那就先把原文端出来再说。

原文是——

古之善为道者,非以明民,将以愚之。

民之难治,以其智多。故以智治国,国之贼;不以智治国,国之福。

知此两者亦稽式。常知稽式,是谓玄德。玄德深矣,远矣,与物反矣,然后乃至大顺。

译文是——

古代善于行道的人,不是让人民聪明,而是让人民愚钝。

人民难于统治,是由于他们的智太多。如果以智治国,是国之祸;如果不以智治国,是国之福。

知晓这两点,也是一种范式。永远尊重这种范式,可叫"玄德"。又深又玄之德,与具体事物相反,却是达到大顺之德。

我早年初读这段论述时也曾吃惊。"非以明民，将以愚之"、"以智治国，国之贼"这样的说法，明白提倡愚民政策，反对以智治国，这是怎么回事？

中国历史上不少统治施行过种种愚民政策，动机只有一个，那就是为了便于统治。愚化，使人民失去了思考权、反问权、对比权、选择权、创新权，而且，不知道这种失去是"被剥夺"。那样，统治起来就太容易、太自由了。难道，老子为这种统治手法提供了最早的学理依据？

对此，我要为老子做一些辩护。

从老子所有的言论看，他是与民一体的。对民，他关切、担忧、维护，不可能让他们丧失智能而更受欺凌。对统治者，他虽然也会提建议、发警示、出点子，但基本立场不会站在他们一边。基于这个整体判断，我们可以对他"将以愚之"的"愚"和"以智治国"的"智"，做出更深入的解读了。

老子在这里所说的"愚"，并不是一般意义上的愚蠢和愚化，而主要是指淳朴。王弼注释道："愚谓无知，守其真顺自然也。"反之，就是"多智巧诈"。河上公对"愚"的注释是："使朴质不诈伪。"范应元的注释是："使淳朴不散，智诈不生也。"

王弼所说的"巧诈"，河上公所说的"诈伪"，范应元所说的"智诈"，就是老子所说的"以智治国"的"智"。对这样的"智"，老子当然要反对了。

但是，老子说了，民众也有"智多"的时候，这是怎么回事？徐复观在《中国人性论史》中回答道："人民的智多，也是受了统治者的坏影响。"

这么说来，老子所说的"愚民"，主要也就是指"返朴"。这也就回到了老子坚守的大道主脉，因此他的语气也变得坚决。否则，如果仅仅泛论智愚，他不会说出"以智治国，国之贼"这样的重话。他在说"贼"的时候，脑子中浮现的，就是王弼、河上公他们所说的"巧诈"、"诈伪"、"智诈"，所以也就没有好话了。

老子希望，这个世界的民众应该淳朴、天真、安静，不要有那么多信息和知识，不要有那么多计谋和纷争，如果能够这样，即便愚钝一点也无妨。

在为老子做出以上辩护之后，我也不得不指出，这一章在表述上确实也存在着一些问题。这些问题有的与老子本人有关，有的是后世传播时产生的误读，但老子也有一点责任。我且说两个方面——

第一方面，老子为了追求"逆向因果"效应，喜欢把一些流行的概念倒转过来，都很精到，但是，在"愚"和"智"的倒转解释上，稍稍超出了应有的限度。这是因为，即便是在当时，要把"愚"解释为"淳朴"毕竟还要花一些力气，而且即使大家接受了这种解释，心里依然明白，这个字还有更多别的含义。对"智"也一样，当然可以把它引申为"智诈"之类，但这个字的正常含义依然存在。因此，肯定"愚"而否定"智"，在表述逻辑上粗糙了，过度了。

第二方面，老子在说这段话的时候，产生了"对象游移"。也就是，这是在对谁说？很容易产生误会。因为说了"民之难治，以其智多"，听起来是在说给统治者听，在为他们出主意。这一来，"愚民"也就成了一种"政策奉献"。其实，老子一上来就摆出的主语是"古之善为道者",最后又归结到"玄德",从头到尾都在说大道。但是中间又三次讲到"治"和"治国",产生了主语更替,也就是"对象游移"。这就引起了后世的普遍错解,把大道话题变成了一种政策手段。

除了这两方面的问题外,我还想进一步论述,老子的这些思想即使不受误解,也存在着明显的局限。他的经历,是看了太多"智"和"学"上的伪诈现象,因此做出了激烈的判断。但是,在他之后的人类文明发展史上,"智"和"学"将会发挥强大的正面作用。即使在当时,也不是所有的"智者"、"学人"都是骗子,他自己就是杰出"智者"和"学人"的典范。由此可知,老子在这个问题上显然是保守得过分了。

老子的这种思维倾向,也反映了中华民族早期智者们的一种精神选择。由于老子的经典性,对后代有不少影响。后来的不少统治者虽然没有领悟老子的天地大道,却总是不断张扬"道统",而贬斥智能,致使全社会创新精神减弱,发展动能疲顿。这是我们在研究老子时也需要正视的。

正因为这样,我在翻译这段文字时,也就不像某些好心的研究者那样,把"愚"直接转换成"朴",把"智"直接转换成"诈"了。我觉得,对于老子的片面性和保守性,后人也不必用这种方法去掩盖。

第六十六章

到这一章，老子对人民的好意就充分展示了。这就证明，老子并不是要统治者居高临下地摆布人民、愚化人民，恰恰相反，必须在人民面前处于"下"位。

我们在前面好几章都已经讲到过，"下"，是老子所要求的一个重要处世原则。

原文是——

江海之所以能为百谷王者，以其善下之，故能为百谷王。
是以圣人欲上民，必以言下之；欲先民，必以身后之。
是以圣人处上而民不重，处前而民不害，是以天下乐推而不厌。
以其不争，故天下莫能与之争。

译文是——

江海善于自处下方，因此成了百谷王者。

因此，圣人若要统治人民，必先出言谦下；若要率领人民，必先置身人后。

对圣人而言，即使处于上方也不让人民负重，即使处于前方也不对人民有碍。因此，天下乐于推举他而不厌倦。

因为他不争，所以天下没有人能与他争。

老子在告诉统治者，以谦下的态度让人民处于"不重"、"不害"的轻松状态，才能得道。

第六十七章

上一章的核心字是"下",这一章的核心字是"慈"。

"慈"也就是慈爱。"慈"的对象很广,因此也就是大爱。

老子把慈爱、大爱放在大道的重要位置上,也就展示了"德"的内涵。"道"、"德"两个概念为什么总是连在一起?因为有慈爱、大爱作为杠杆。

这一章,老子一上来就提出了人生"三宝",一是慈爱,二是简朴,三是退让。这"三宝"确实珍贵,我们身处老子的两千五百多年之后,也要追回去告诉他,这"三宝"已被时间和空间真诚接受,今后还会"持而保之"。

先看原文——

我有三宝,持而保之。

一曰慈,二曰俭,三曰不敢为天下先。

慈故能勇,俭故能广,不敢为天下先,故能成器长。

今舍慈且勇,舍俭且广,舍后且先,死矣!

夫慈,以战则胜,以守则固。天将救之,以慈卫之。

译文是——

我有三宝，一直持有并且保全。

一是慈爱，二是俭朴，三是不敢为天下先。

能慈爱就能勇敢，能俭朴就能宽广，能不敢为天下先就能成为诸物之长。

现在的人们，舍弃了慈爱而求勇敢，舍弃了俭朴而求宽广，舍弃了退让而争先，那就只能走向死亡。

尤其是慈爱，以它来参战就能胜利，以它来防守就能巩固。天要救助谁，就用慈爱来卫护他。

意思很顺畅，只有"不敢为天下先，故能成器长"需要略做解释。这里的"器"是指物，我译为"诸物"。"长"，是指执掌者，也就是走在最后的人，是照顾大家的兄长。但是在这里，退让者成了执掌者，并不存在"以退为进"的谋略，而是本能的责任。

又需要做一个版本学上的说明了。这一章开头前，原本还有二十五个字，但是，与全章的慈爱主旨难于贴合，研究者们怀疑也是"误置"。如何让"误置"返回"正置"呢？有的研究者认为可以移到第三十四章，但又缺少肯定的依据。因此我还是用老办法，把这二十五个字抄录出来，并做出翻译，供读者参考。

文为——

天下皆谓我，道大，似不肖。夫唯大，故似不肖。若肖，久矣其细也夫。

译为——

天下人都对我说，道大，不像是具体的东西。其实，正因为它大，所以不像是具体的东西。如果像了，那就小了。

这寥寥数语，却阐释了道的抽象性，而且进一步论述了抽象性的重要，不可替代。

这几句话说明正因为大，所以必须抽象；如果排除了抽象，那就大不起来了。

文中的"肖"，是指形貌上的具体性，正好与抽象性对立。

中国的习惯思维常常偏向于具体性而不习惯抽象性，因此这段论述极为重要。而且，也为老子反复讲述的道，做了理论形态上的说明。

不错，道涵盖万物，但万物之中没有一物能够概括它。如果一物能概括，道也就缩小了体量，因此也不成其为道了。

我很欣赏老子把"大"作为理论抽象性的主要理由。如果按现代思维语言来说，抽象的高度出于覆盖的广度，那也就是"大"。对于因大而产生的抽象，不可急急地要求具体和实际，因为一切具体和实际都有自己的边界，而抽象的大道也要关顾边界之外的空间。而且，具体和实际总会对抽象的大道产生牵制作用，以种种"例外"和"特殊"拉拽着道，使道难于经天纬地。道在经天纬地之时，必须具有不被哪一个角落所拘束的充分自由。这一点，对于天天面对事务、时时面对日常的人来说不易理解，因此，老子的持守，难能可贵。他，守住了道德抽象高度，以及在那个高度上的理论活力。

第六十八章

这一章，老子要对军人讲讲"不争之德"了。本来，军人的目标就是争，对他们讲"不争"，而且讲了这一章之后到下一章还讲，那就让人有点好奇了。

先看原文——

善为士者，不武；
善战者，不怒；
善胜敌者，不与；
善用人者，为之下。
是谓不争之德，是谓用人之力。是谓配天之极也。

在"配天之极"四字中间，原本还有一个"古"字，成了"配天古之极"，虽然也说得通，但总觉得有点拗，俞樾怀疑这个"古"字是多出来的。我为了语气之畅快，把这个"古"字删了。

译文是这样的——

善于为帅的，不逞勇武；

善于作战的，不显愤怒；

善于胜敌的，不做对斗；

善于用人的，要有谦下态度。

这就是不争之德，这就能用他人之力，与天道相符。

下一章应该连在一起通讲，因为也还是在给军人说话。

第六十九章

这一章讲用兵,仍然是在提醒军人不要逞强冒进。
原文是——

用兵有言:"吾不敢为主,而为客;不敢进寸,而退尺。"
是谓行无行,攘无臂,扔无敌,执无兵。
祸莫大于轻敌,轻敌几丧吾宝。
故抗兵相若,哀者胜矣。

老子是在提醒军人,但我也要从另一个方面提醒读者,老子早就表明他的反战思想,是一个和平主义者。他的以上看法,也由此而来,不能按照一般的军事理论来看。一般军事理论所说的进攻、阵地、指挥、兵器等等,他都看不上,因此,他其实是以军事作为话题,来进一步阐述他的天地大道。

在军事上,和平主义者很像退缩主义者,但老子的退缩,并不是"未战认输",而是他从根子上不喜欢战争。他不是从胜败的玄机中退出,而是从战争整体中退出。

可以做一些词语上的解释。

对用兵而言，"主、客"关系，其实就是进攻还是防御的关系。

又遇到了以"无"为中间字的三字句式，就像第六十三章的"为无为"、"事无事"、"味无味"一样，这次是"行无行"、"攘无臂"、"扔无敌"、"执无兵"了。

这四个三字句式，意思很特别。

"行"，在军事上指"行列"，也就是阵势。"行无行"的意思是：明明有了阵势，却又没有阵势。

"攘无臂"有趣一点：明明要振臂冲锋，却又举不起手臂。

"扔无敌"，如果用现代口语来说，那就是：明明扔到了战火前线，却又看不见敌人。

"执无兵"，明明有兵器，但似乎又没有兵器。

——加在一起，我们看到了一个反战主义者来到战场之后的心境。他对战争的每一个元素，都打上了问号，然后就快速否定了。

他对这个问题的总体思路是，千万不要在战场上逞强轻敌。一旦逞强轻敌，"三宝"就会丧失。哪"三宝"？大家记得，就是慈爱、俭朴、退让。"三宝"和战争水火不容，要了战争，就会丢失"三宝"。反之，要了"三宝"，就要丢失战争。在战争中，这"三宝"组合在一起就成了"哀兵"，但从长远看，"哀者胜矣"。

这就可以翻译出来了——

用兵的人曾说："我不敢攻，而退为守；不敢进一寸，而退一尺。"
这就是，有阵不摆，有臂不伸，有敌无敌，有兵不执。
祸莫大于轻敌，轻敌就会丧失我的"三宝"。

如果两军势力相当，哀者获胜。

说了两回用兵的事，老子突然觉得自己的这些话可能没人会听。不仅军人不屑听，而且百姓也不相信。反战的人来讲用兵，当然让人疑惑，但能不讲吗？老子扪心自问，然后，又悄悄自语起来。

第七十章

老子忙于论道，很少悄悄自语。我们应该记得，他在第二十章曾经自语过一次。"俗人昭昭，我独昏昏"，"俗人察察，我独闷闷"，"众人皆有以，而我独顽且鄙"等句子，给我们留下了深刻印象。

现在，他又要说自己了，仍然充满了一个思想家的孤独感。

听听吧——

吾言甚易知，甚易行。天下莫能知，莫能行。
言有宗，事有君。夫唯无知，是以不我知。
知我者希，则我者贵。是以圣人被褐而怀玉。

就像一切有责任感的思想家一样，老子一再反思自己表述的观点人们是否容易听懂，是否容易实行。反思的结果是容易听懂，容易实行。既然都容易，那么，天下有多少人听了、行了？结论很悲哀，没什么人听，也没什么人行。

老子又想，我可不是随口讲讲的啊，出言有宗旨，说事有中心，但大家都不知道，所以也就不了解我。了解我的人很稀少，听从我的人就更难得。想到这里，老子眼前就出现了一个得道的圣人形象，那就是"被褐而怀玉"。用我的翻译是：外披粗衣，怀揣美玉。老子觉得，自己就是这个形象，外面的形象不被看好，心里藏有精神珍宝。

老子的这番自语，表达了对自己遭遇的不平。一切伟大思想家所在意的遭遇，并不是官方重视与否，恶人骚扰与否，而是自己的思想被天下民众接受与否。为此，他还寻找了民众不接受的原因，以及自己不必气馁的理由。

我做了这番解释，其实也完成了翻译的任务。尽管有点重复，还是要把译句连贯起来让大家看一看——

我的话，易知易行。但是，天下都不知不行。

我出言有宗旨，说事有中心，但大家都不知道，所以也就不了解我。

了解我的人很少，听从我的更是难得。

由此想到圣人：外披粗衣，怀揣美玉。

第七十一章

上一章老子在自语中讲了不少"知"：自己的观点，天下能"知"吗？对观点"无知"，对我也"不知"了吗？"知我者"究竟是多还是稀？……我数了一下，短短四十余字的短文，一共用了五个"知"。

因此，这一章，他要从"知"开始谈下去了。

原文是——

知不知，尚矣；

不知知，病也。

圣人不病，以其病病。夫唯病病，是以不病。

我很喜欢这一段简短而又缠绕、重叠而又决断的漂亮文字。

前两句"知"的文字游戏就很有意思。"知不知，尚矣"，意为知道自己不知，最好。接下来"不知知"三个字有点卡住，其实可以看作是"不知之知"，意为明明不知却以为有知。这样的"知"，当然是病了。

其实《淮南子》中还引述过另一种版本："知而不知，尚矣；不知而知，病也。"这里的"知而不知"，是指"知道了还好像不知道"；

这里的"不知而知",是指"不知道还自以为知道"。这后半句,与"不知知"同义。

然后要说说这个"病"字。"病"的意思很宽泛,但是,陈鼓应把它翻译成"缺点",显然是轻了。不仅轻,而且在文学上也失去了张力。陈鼓应习惯于把老子过于醒豁的文字降温、减色,变成寻常的理论句式,这是我多次表明不赞成的。我除了哲学立场外,还有文学立场,因此舍不得把热辣辣的一个"病"字退解为"缺点"。"病"就是"病",至少,也是"毛病"或"弊病"。

那么,我的翻译是——

知道自己不知,最好;
不知而以为知,病了。
圣人不病,因为他们把病当病,所以不再是病。
把病当病,那就不是病了。

当然,这里所说的"病",主要是"心病"。

老子所说的心病,围绕着"知"。有趣的是,"不知"不算病,以为知道才是病。

这个道理,直到今天仍然深刻。

第七十二章

老子在前面几章讲述治理和用兵等课题时，心里常有进退，因为他并未参与治理和用兵，而且一直站在治理者和用兵者的对立面，所以一直存在"知"和"不知"的自我疑惑。

既然老子一直站在治理者和用兵者的对立面，那么，这是一个什么样的对立面？里边包括什么样的人群？答案只有一个字：民。

在治理者和用兵者那里转了一圈，又自言自语了一番，老子突然想念"民"了。他要为他们说点话了。

请看——

民不畏威，则大威至。
无狎其所居，无厌其所生。夫唯不厌，是以不厌。
是以圣人自知不自见，自爱不自贵。故去彼取此。

还是要做一点词语解释。

"民不畏威"，这个"威"是指威压。后面说"则大威至"，这里的"大威"是指"大危"。我放松语气，翻译成"大事"。

"无狎其所居"，这个"狎"字，有些版本作"狭"，有"迫隘"

之义。我仍然放松语气，翻译成了"控制"。

比较麻烦的是出现了三次的"厌"。奚侗在《老子集解》中，根据《说文》，把"厌"解释为"笮"。这是一个生僻字，在古代是指盖在屋上的竹苇，引申为"困迫"之义。但是，一生僻，一引申，圈子绕到了太冷的角落，读者是不愿意跟随的。高亨在《老子正诂》中把"厌"释为两义，然后用"厌迫"和"厌恶"来表达。但"厌迫"一词，读来也不顺遂。我想，还是用比较常用的"压抑"为妥，因为在古代"厌"、"压"同义，"厌"可解为"覆压"。

结果，是这样的译文——

人民不怕威压，因为不怕，就会有大事发生。

不要控制他们的居住，不要堵压他们的生路。只有你不去压抑，他们才不会感到压抑。

因此，圣人只求自知，不求自显；只求自爱，不求自贵。那就去除自显、自贵，只求自知、自爱。

这一章表明了老子"在民"的立场，甚至后面所说的"不自显、不自贵"，也与这个背景有关。

第七十三章

因为已经讲到了"不自显、不自贵",这就触及了老子的"低调哲学",他又要就此做出进一步论述了。老子为什么永远对这个话题兴致不减?因为他平日见到冲冲杀杀、大喊大叫的人太多了。他有点怜悯他们,因此反复叮咛。

原文是——

勇于敢则杀,勇于不敢则活。此两者,或利或害。天之所恶,孰知其故?是以圣人犹难之。

天之道,不争而善胜,不言而善应,不召而自来,繟然而善谋。

天网恢恢,疏而不失。

中国长期处于战争年代,因此不管哪一方都对"勇敢"这两个字有很高评价。这在古代已经这样了,但是,老子从超越敌我、超越战争的哲学高度上指出,这两个字的泛泛联结很可能带来不必要的危险。但是,不危险的结果也未必好,一切还要由天道的好恶来安排。天道就是自然之道,一切都自然而然。天道会不会打盹、错失?老子的回答是:"天网恢恢,疏而不失。"这八个字,又成了千古名句。

译文是——

勇而不顾，则死；勇而不敢，则活。这两种勇，或者得利，或者受害。

天道的好恶，谁知道原因？虽圣人也难以说明。

天之道，不争而善胜，不言而善应，不召而自来，虽迟而善谋。

天网恢恢，疏而不失。

后半部分，基本保留了原文，但当代读者一看就懂。

第七十四章

讲过了"天道",又想到了人民。因为人民是"天道"下最重要的存在。

这一章的主要价值,集中在第一句,后面是第一句的延伸。

既然由一句话扛起了重担,那就赶快来看看吧——

民不畏死,奈何以死惧之?

若使民常畏死,而为奇者,吾得执而杀之,孰敢?

常有司杀者杀。夫代司杀者杀,是谓代大匠斫。夫代大匠斫者,希有不伤其手矣。

这第一句,已成为中华民族的铮铮格言。长期以来,对于镇压人民的专制蛮横,这句话是最响亮的抗议和诘问。由于开头是"民不畏死"四字,传达出一种悲愤中的豪迈,鼓励人们继续舍身抗争。

但是,老子在说这句话的时候,心态比较平静。他暗带嘲讽地与集权者讨论:如果要让那些民众畏惧,也有一个办法,那就是处决几个真正邪恶的罪犯。但是,谁去处决呢?应该有专职人员吧,但你们老是叫人去代替,这就像代替木匠伐木,很可能砍伤了自己的手。

听得出来，老子话里有话。这里虽然是说自伤其手，其实意思与第七十二章的开头一样："民不畏威，则大威至。"危险的大事就要来了，来自报应和报复。

下面是译文——

人民不怕死，为何要用死来恐吓他们？

如果要使他们畏惧，可以找那些邪恶的罪犯杀之，那还有谁敢？但这事要让专管惩罚的人去做，如果有人要替代，那就像替代木匠砍木，很少不伤自己的手。

从正气浩荡到讥讽调侃，很有意思。

第七十五章

人民的话题还没有讲完，他需要在这一章里再归纳几句。

这一章，老子用排比方式，把"民"和"其上"进行对立思考和因果思考。"其上"，当然是指凌驾在上的大人物、统治者。

原文是——

民之饥，以其上食税之多，是以饥。

民之难治，以其上之有为，是以难治。

民之轻死，以其上求生之厚，是以轻死。

夫唯无以生为者，是贤于贵生。

前面两句的意思很明白，到第三句产生了一些疙瘩。"轻死"，意思就是"不在乎死"。民众为何不在乎死？因为上方太在乎生。一个"厚"字，概括了统治者的奢靡豪华生活，而且正好构成与"轻"的对仗。

统治者的奢靡豪华带来了民众的不在乎死，按照很多研究者的解释，是指引发民众不得不冒死反抗统治者了。如果与上面两句连起来看，这种解释是合理的。但是，我觉得按照老子的大道思维，还可以做两点补充。

在老子看来,"轻死"和"厚生"都违背了天地大道所统辖的生命之道。但是,"轻死"是由"厚生"引起的。厚生者破坏了生活的正常状态,那就引发了一切不正常。用现代语言来说,生态链断了,平衡器没了,那就全盘大乱,生死翻腾。因此,违背天地大道的责任,主要应该由厚生者来承担。

那么,轻死者和厚生者相比,哪一方的生命更强?表面上,当然是厚生者强,因为他们为生命加添了那么多"营养",但在老子看来,厚养贵生,远离了生命的淳朴本源。倒是那些不在乎死、不在乎生的人,卸除了种种负担,更能展现生命的原始活力。由此又产生了一种"逆向因果":"厚生"却生得疲顿,"轻死"却笑视生死。这就引出了本章的最后一句:"夫唯无以生为者,是贤于贵生。"于是,这一章就完成了逻辑。

以下这个翻译,由于考虑到现代散文的节奏,把原文每句首尾的重叠成分省略了——

>人民饥饿,是因为上面吞税太多;
>人民难治,是因为上面常有妄为;
>人民轻死,是因为上面过于厚养。
>其实,不在乎的人,胜于厚养的人。

第七十六章

上一章说到，不在乎生死的民众，当然是羸弱一方，却能胜于厚养的人。这又关及老子有关生命强弱的学说了。强弱之间，有一系列吊诡悖论，这在以前的章节多次说过。在这一章，老子要把这种吊诡引申到生命的本质，看看什么才叫"活着"。

请看原文——

人之生也柔弱，其死也坚强。
草木之生也柔脆，其死也枯槁。
故坚强者死之徒，柔弱者生之徒。
是以兵强则灭，木强则折。
强大处下，柔弱处上。

这段话，即使在今天不熟悉古代语言的读者来看，也没有任何阅读上的障碍。老子在这里的理论重心，在于用生理学、生物学中的常识来启示社会思维。人体生死的差别，草木生死的差别，都在告诉人们，"活着"的特征是柔弱而不是坚强。当然，这里所说的坚强与我们日常的理解不太一样，可以理解为"强硬"。

这段话也遇到过一个版本学上的问题，虽然不太重要，而且也已达成共识，但说起来有点趣味。借此，也可让当代读者知道中国古代学者对于经典文本的极度谨慎，当然，这也证明了老子实在是牵动着身后两千多年的高层智能，使多少杰出学者在黄卷青灯间逐字把守，无休无止。

起点是原文中"兵强则灭，木强则折"这句话。王弼注本为"兵强则不胜，木强则兵"。这"木强则兵"意思不通，河上公的注本作"木强则共"，那就更不知其义了。人们说，"木强则共"可能就是"木强则兵"，由于"共"、"兵"字形接近，误抄了。直到清代，俞樾查得《列子》引用《老子》是"兵强则灭，木强则折"，刘师培发现《淮南子》也作"兵强则灭，木强则折"。当然，与《淮南子》内容重叠的《文子》也是这八个字。多证并列，且文句合理，那就定了下来。可见，老子的字字句句是多么值得后代护惜。

虽然可以不必译，但还是译一下吧——

人活着的时候是柔弱的，死了就僵硬。
草木活着的时候又柔又脆，死了就会枯槁。
因此，强硬属死亡一族，柔弱属生存一族。
所以，兵强必灭，木强必折。强硬为下，柔弱为上。

第七十七章

不错，柔弱者生，柔弱为上。但是，柔弱并不是衰落、怯弱。这个"柔"字有一种温和的调节功能，把不适当的部分调节成适当，把出现了瑕疵的部位调节得没有瑕疵。

这一章，老子要论述，柔弱的力量就是调节的力量。

请看原文——

天之道，其犹张弓与？
高者抑之，
下者举之；
有余者损之，
不足者补之。
天之道，损有余而补不足；
人之道，则不然，损不足以奉有余。
孰能有余以奉天下？唯有道者。

老子喜欢用比喻，这次，用一张拉开的弓，来比喻世事的调节功能。

他认为，这种调节功能就体现了"天之道"。对此我必须立即说明，这里所说的"天之道"不仅有平衡意义，而且还有道德意义。因为这里出现的是一个道德大题，所以调节和平衡也就有了社会正义。这个道德大题就是：在社会上，应该是"损有余而补不足"，还是"损不足以奉有余"？

世间贫富差距为什么越来越大？因为一直奉行着剥削贫者、补充富者的政策。老子认为，这不是"天之道"，而是"人之道"。按照"天之道"，应该压缩富者的财富，去救济贫者。老子最终提出了一个道德标准：谁能把自己的"有余"奉献天下，那才是有道之人。

到这里，"道德标准"，纳入了社会公平和人间正义。

需要说明的是，这一段的原文最后，还有十八个字："是以圣人为而不恃，功成而不处，其不欲见贤。"文意与上文不顺，而且大意在第二章见过，因此删略了。但我在另一个译本中却保留了，译文为："所以，圣人不自恃、不居功、不显摆。"因为意思很好，虽然放错了地方，也应该高看一眼。

现在整段的译文是——

天之道，

不就像拉开的弓吗？

高了，压低一点；

低了，抬高一点。

过了，减去一点；

不足，补上一点。

天之道,
损有余而补不足;
人之道则不然,
损不足以奉有余。
谁能把有余奉献天下?
只有得道的人才能这样。

我对"高者抑之,下者举之;有余者损之,不足者补之"的翻译,体现了古今汉语不同的节奏方式。只有展现不同,才能充分表达。

第七十八章

　　柔弱为上，老子已经用弓的比喻说明柔弱的力量来源。但是，一切比喻都是有缺陷的，弓毕竟太小了。如果遇到国之大事，弓都拉不开，那该怎么办？老子又想到了自己用过的经典比喻：水。水更柔弱，也更宏大。

　　原文是——

天下莫柔弱于水，而攻坚强者莫之能胜，以其无以易之。
弱之胜强，柔之胜刚，天下莫不知，莫能行。
是以圣人云：受国之垢，是谓社稷主；受国不祥，是为天下王。正言若反。

　　在这段话中，老子叹息了一声：以水为证，弱能胜强，这道理谁都能懂，但谁也不实行。

　　其实，弱的事情也可以变得很严重，例如国家遭受了屈辱和祸殃。老子说，即便如此，事情也会转化为强。这听起来像是反话，其实是正言。

　　以下是译文——

天下没有比水更柔弱的了，但攻势强大的力量没法胜过它，因而没有什么能够替代它。

弱能胜强，柔能胜刚。天下没有人不懂，但是谁也不肯这么做。圣人说：承受国家的屈辱，才算是君主；承受国家的祸殃，才算是君王。

这是正言，但听起来却像是反话。

作为一个君主，却不得不承受国家的屈辱和祸殃，这看起来很柔弱，但在老子看来，这个"受"字，也就是承受、忍受，是由弱转强的契机，因为在承受和忍受中，才确实体现了"社稷主"、"天下王"的当家人身份。

这很像是逆境安慰，所以老子说，听起来有点像反话，其实是正言。在水的哲学中，即便有正反也终将归正。

第七十九章

　　我多次说过，老子的"柔弱胜强"不是策略。天下并不是一切柔弱都能翻身，在大道看来，只有心存善心、善念的柔弱才有希望。如果不是这样，那么，当柔弱变得强大之后又怎么办呢？难道要无奈地等待着转回去吗？并不是。老子认为，即使强大了，也要以德报怨，不求报偿，不责于人。于是，一个"善"字，就能改变祸福轮转。

　　这一章就是讲述这个道理，结尾的八个字可谓字字千钧："天道无亲，常与善人。"这是"道"与"善"的再度合体，由此，天下一切跟不上天道游弋雄姿的人也有切实的修行道路了，那就是做一个善人。做了善人，你即使还不认识天道，天道也已经认识你。

　　原文是——

和大怨，必有余怨。报怨以德，安可以为善？
是以圣人执左契，而不责于人。有德司契，无德司彻。
天道无亲，常与善人。

　　这里有两处需要解释。
　　第一行的"报怨以德"四字，在原本中出现在第六十三章，也就是我花了不少笔墨解释的"大小多少"四字之后。但是，放在那里确实觉得突兀，与上下文联结不上，根据陈柱、严灵峰、陈鼓应等学者的意见，应该移到此处。移进来之后，加在"和大怨，必有余怨"与"安可以为善"之间，这样，文句加了一层意思："和解了大怨，必有余怨。如果以德报怨，是否能比较妥善？"

这就可以过渡到第二处了，那就是"圣人执左契，而不责于人"。"左契"是什么？是借据。"不责于人"，是不求偿还。连起来的意思是，圣人是握有债权而不要人家偿还的人。接下来，出现了"有德司契，无德司彻"的句子，最后这个"彻"，是指苛税。那么，我们眼前就出现了一种极具文学性的形象对比：一个"司契"，一个"司彻"，也就是一个握有债权不求偿还，一个握有税单到处盘剥。老子说，前者是有德之人，后者是无德之人。

这个比喻，就把"德"和"善"形象化了。说到底，人生在世，每个人或多或少都是各个领域的"债权人"，同时又是"欠债人"。作为债权人的一边，完全没有让别人偿还的意思，甚至连想也不想，这就是"以德报怨"。但是他们可能连"怨"都没有想过，因此施"德"是一种自然行为，而不是为了"报"什么。这样的人，就是真正的善人。难怪老子在说了"有德司契，无德司彻"这八个字之后，立即加上了八个字："天道无亲，常与善人"。

这么一来，我们的词语解释也就变成了思想阐述。

这一章的译文是——

和解了大怨，必有余怨。如果以德报怨，是否能比较妥善？

圣人虽握有债权，也不要人家偿还。

有德的人握债权而无偿，无德的人掌税权而行事。

天道无亲，常向善人。

第八十章

老子的讲述快要结束了，有一件事他一直藏在心底，想在最后找机会表达一下，那就是他个人的一种生态理想。

每个人不管境遇如何，学问如何，都会有生态理想。他们自己知道，这种生态理想未必合理，更未必能够实现，却是自己一生追求的交结点，秘而不宣却暖意荡漾。

像一般人一样，老子在说这种理想的时候就像在描述梦境，一句一句讲得既感性又具体，却不讲为什么。

我们知道，这种梦境般的生态理想与当前的生活环境差别很大，与自己的理论架构也未必相同，因此听的人听了就听了，不必东问西问、挖根刨底。

老子对于自己的生态理想是这样描述的——

小国寡民。
使有什伯之器而不用，
使民重死而不远徙。
虽有舟舆，无所乘之；
虽有甲兵，无所陈之。

使民复结绳而用之。

甘其食,

美其服,

安其居,

乐其俗。

邻国相望,

鸡犬之声相闻,

民至老死不相往来。

先把它翻译出来吧——

国家要小,人民要少。

器具虽多而不用,

民众重死不远迁。

虽有船车不乘坐,

虽有武器不陈列。

使人民回到结绳记事的状态。

吃得香甜,

穿得漂亮,

住得安适,

乐其风俗。

邻国相望,

鸡犬之声相闻,

老死不相往来。

真是一个真真幻幻的美丽梦境。

虽然是梦境,既然出自老子,流传久远,因此也就需要讲解几句了。

最惹眼的"小国寡民"思想,其实是为了和平。因为那时的"国"本来就很小,但是有些统治者一心追求土地和人口的扩大,于是就发生了战争。几乎所有的战争,都起自割据和兼并的欲望。因此老子就想,如果能够安于"小国寡民",也不去打听邻国的消息,"老死不相往来",那就会消弭战争,维持各自相安的和平。

有人批评老子的这种幻想是想恢复原始社会,童书业在《先秦七子思想研究》中反驳说,老子的学说中有"国"有"治",还追求"甘其食,美其服",因此并不想回到原始社会。更有研究者根据生产力和生产关系的理论,论定兼并的潮流不可阻挡,而终究会组成大国。他们认为老子不懂这种"历史发展规律",落后了。其实我们知道,老子是不在乎落后的,他也只相信天地大道,而不会接受什么"发展规律"。那些研究者能知道自己身后一百年的社会吗?

据说,更受批评的是对结绳记事时代的向往。我觉得这种批评限制了一个古人的思想自由。即便在当代国际上,也有不少思考者在寻求一种摆脱现代便利的山野隐居,老子的梦境也有这种成分,只不过他早了两千五百多年。其实他也只是说说,那还不行吗?

老子似乎已经预计到,如果让自己的梦境来结束全文,一定会让人产生有关社会形态的误解。因此他最后还必须回到天道,作为归结。

第八十一章

想到要归结，他又笑了。平日那么寡言的自己，这次居然发表了那么多言论，估计会引来不少非议。因此他在这最后一章的开头就说：我的言论不漂亮，我也不会与谁辩论。总算讲完了，留几句临别赠言。

于是他说——

信言不美，美言不信。
善者不辩，辩者不善。
知者不博，博者不知。
圣人不积，既以为人己愈有，既以与人己愈多。
天之道，利而不害；
圣人之道，为而不争。

这段话，锤炼得精要明白，几乎不必翻译，只是"圣人不积，既以为人己愈有，既以与人己愈多"这一句有点拗口，且用现代口语表述一下——

圣人不喜积藏，

尽力帮助别人，自己反更充足；

尽力给予别人，自己反更增多。

最后两句倒是老子真正的临别赠言，我们都应该记住——

天之道，利而不害；

圣人之道，为而不争。

好，记住了临别赠言，我们的《老子通释》也结束了。

今译

今译说明

"《老子》今译"这件事，我足足准备了三十年。原因是，无论研究中国文化史，还是考察国际上对中国文化的认知，都一次次感受到老子的重要。而且，既是起点性的重要，又是终极性的重要。

在学术著作《中国文脉》、《修行三阶》、《北大授课》中，我都用很大的篇幅论述了老子。在《中国文化课》中，我讲解老子的篇幅也特别长。在其他著作中，我还记述了自己与希腊哲学家讨论老子的情景。

记得在世界图书馆馆长会议上，我以上海图书馆理事长的身份发表演说，告诉各国同行，中国最早的图书馆馆长是两千五百多年前的老子，他执掌着周朝的"国家图书馆"。当然，他也应该是全世界最老的、有名有姓有著作的图书馆馆长。我说到这里，世界各国的图书馆馆长都给予了长时间的热烈掌声。

不管怎么说，老子已经深深锲入了我的话语系统。按照我的文化习惯，早就应该把他的五千字《道德经》翻译成现代散文了，却遇到了两大障碍。第一障碍是，他的文字简约圣洁，如天颁谕旨，难以撼动，更难翻译；第二障碍是，从韩非、王弼开始，历来有关老子的注疏、训诂、考订的著作多达数百种，许多见解各不相同，当代又有了马王堆出土的两种帛书，我若要翻译，就应该细致地研究这些著作，从而勘定老子每句话的歧义、衍义和真义，但这在时间上实在不允许。

因此，那么多年，这件事就搁下了。我已经在一系列学术著作中陆续完成了对中国古代很多文学、艺术、哲学、宗教文本的今译，却一直没有惊动老子，尽管我还在不断讲述他，而且一直在研读王弼《道德经注》、河上公《老子章句》、苏辙《老子解》、马叙伦《老子校诂》、高亨《老子正诂》等著作。终于，发生了一件事，躲不过去了。

《中国文化课》以音频播出时，"只能听，不能看"，而老子的词句离开了文字呈现则很难被当代学员听明白。于是，为了课程，为了讲述，为了数千万人次的听众，我把《老子》八十一章全部翻译成了当代口语。在写作《老子通释》时，每一章我都重新做了翻译，有的段落可能与上几次的翻译有点差异，那也让它去了。我很想把翻译完整呈现一下，让当代读者一鼓作气地领略老子当年的话语气势，因此在通释之后又留出了一个完整的"今译"。

《老子》今译，社会上已有过一些版本。记得一开始有很多学员要我推荐，我总是推荐两种：一是中国社会科学院任继愈先生的《老子新译》，二是旅美学者陈鼓应先生的《老子注译及评介》。

既然推荐，当然是出于肯定，而且我对这两位先生也都很尊敬。但是，《老子》太宏大了，值得后人从不同的角度仰望。他们的这两个译本在不少地方与我颇有距离，因而促使我在尊敬之余另开译笔。

各种距离之中，值得笑谈的是我的文学感应。我非常喜欢老子斩钉截铁、铿锵有声的语言魅力，而任继愈、陈鼓应先生则更多地考虑阐释意涵，不太在乎文学。

例如，老子说"天下有始，以为天下母"，这个"母"的比喻非常精彩，接下来他还把这个比喻衍生到"子"，组成了母子关系的完整比喻。但是，陈先生把"母"翻译成了"根源"，把"子"翻译成了"万物"，那就放弃了比喻，也放弃了文学。

又如，老子哲学中有一个既重要又形象的概念叫"啬"，陈先生把它翻译成"爱惜精力"，少了味道。因为只有"爱惜"到"吝啬"的程度，才有文字冲击力。

更有不少句子，早已如雷贯耳，不必翻译。例如，老子说"千里之行，始于足下"，大家都懂，任先生把它翻译成了"千里的远行，在脚下第一步开始"，这种语言节奏就不是我所能接受的了。

还有很多地方，任先生和陈先生都用温和的解释性语言把老子的"极而言之"冲淡了，拉平了，失去了醒豁之力。例如，老子说"五色令人目盲，五音令人耳聋"，语气多么痛快，陈先生将其翻译成"缤纷的色彩使人眼花缭乱，纷杂的音调使人听觉不敏"，这就造成了词语烈度上的严重后退，在修辞上有点儿遗憾。

——这些，都是很不重要的文字技术细节，我举以为例，只想表达我在学术视角之外还有一个小小的文学视角，并借此说明我的翻译所追求的境界。那就是，让当代读者更有质感、更简捷地倾听老子，不要让一层层的阐释丝网把他隔远了。老子的不少句子说得非常爽利又并不玄奥，我就让它们原样保留。有的章节只排除了一些词语障碍，就能使当代读者朗诵得畅达无阻。这样的译本就在当代语文中构成一种包含着不少古典美文的有趣"复调"，让古今语文相拥而笑。

《老子》永远会被一代代读者反复解释和翻译，不同的视角都是为了更加贴近老子的音容笑貌。因此，在他名下的各种声音永远会是热闹而又快乐的。

在这种热闹的快乐中，时间和空间都被无限度穿越，一位老人和一种文化的生命力，让我们深感自豪。

第一章

道，说得明白的，就不是真正的道。

名，说得清楚的，就不是真正的名。

无，是天地的起点。

有，是万物的依凭。

所以，我们总是从"无"中来认识道的奥秘，总是从"有"中来认识物的界定。

其实，这两者是同根而异名，都很玄深。玄之又玄，是一切奥妙之门。

第二章

天下人都知道了美的定位，那就丑了；都知道了善的定位，那就恶了。

所以说，有和无，互相共生；难和易，互相构成；长和短，互相赋形；高和下，互相证明；音和声，互相协和；前和后，互相随顺。

因此，圣人处"无为之事"，行"不言之教"。让万物运行而不去创始，让万物生长而不去占有，有所作为也不要自恃，有了功绩也不要自居。只要不自居，功绩也就不会失去。

第三章

不要推重贤能之人，免得使人民竞争。

不要珍重稀有物品，免得使人民偷盗。

不要引起欲望，使民心不乱。

因此，圣人的治理，要简化人民的心思，填饱人民的肚子，减弱人民的意志，强健人民的筋骨。常使人民无知无欲，常使智者不敢作为。

只要做到"无为"，就没有"不治"的麻烦。

第四章

道是空虚的，但它用之不尽。它是那么渊深，就像是万物的主人。

它挫去锋锐，解除纷争，与光相融，混同世尘，看似不见，却是实存。我不知道它从哪里产生，只知道它早在天帝之前就已经光临。

第五章

天地并不仁慈，只让万物自生自灭。

圣人也不仁慈，只让百姓自生自灭。

天地之间，就像风箱，虽是空的，却是无穷的，一旦发动，就能出风。

政令太多，总是不同，不如守中。

第六章

虚空的道，永久不灭，可称之为母性之门。

母性之门，是天地之根，绵绵永存，用之不尽。

第七章

天长地久。天地为什么能够长久？因为它不为自己而生，所以能长生。

因此圣人总是把自己放在最后，结果反而领先；总是把自己置之度外，结果反而存在。不正是他们的不自私，反而成就了自己？

第八章

上善若水。

水乐于滋润万物而不争，只去人们不喜欢的地方，所以与道最为接近。

处身低位，心怀深沉，态度亲仁，交接诚信，便于治理，极有效能，适时动静。

正因为什么也不争，所以没有什么毛病。

第九章

把持太多，不如终了。

锋芒太锐，不可长保。

金玉满堂，也不可靠。

富贵而骄，自寻烦恼。

功成身退，才合天道。

第十章

魂魄合一，能不分离吗？

守气柔和，能像婴儿吗？

涤念静观，能无瑕疵吗？

爱民治国，能够无为吗？

应付外界，能够柔静吗？

通达四方，能不耍智吗？

第十一章

三十条辐集中到毂，毂中空无，才有车的作用。

揉陶泥为器，器中空无，才有器的作用。

开凿门窗造房，在壁上开凿空无，才有房的作用。

所以，"有"只给便利，"无"才起作用。

第十二章

五色令人目盲。

五音令人耳聋。

五味令人口伤。

驰骋打猎令人心狂。

难得之货令人邪想。

因此，圣人只求安饱而不求声色，取舍得当。

第十三章

得宠和受辱都让人惊恐。看重这种惊恐大患,就要比照自身。

为什么宠辱都让人惊恐?因为得宠是卑下的事,得之惊恐,失之惊恐,所以宠辱都是惊恐。

为什么看重这样的大患,就要比照自身?因为由别人的宠辱带来的祸患,落脚点就在自身。没有自身,哪来祸患?

所以,如果能以看重自己的标准去为天下,就可以把天下寄命于他;如果能以珍爱自己的态度去爱天下,就可以把天下托付给他。

第十四章

看它看不见,叫"夷";听它听不见,叫"希";摸它摸不着,叫"微"。这三方面,都混而为一,无可追究。它上面不显得光亮,下面也不显得阴暗,渺渺茫茫不可名状,最终归于无物。这就是"无状之状"、"无物之象",可称之为"恍惚"。

迎着它,看不见它的头;跟着它,看不见它的后。执掌古代,支配今天,又知道万物由来,这就是道的脉流。

第十五章

古时善于为道的人,微妙玄通,深不可识。

正因为不可识,所以只能勉强地来描述:

他们谨慎,像是冬天涉河;

他们警惕,像是提防邻户;

他们端庄,像是在外做客;

他们涣和，像是春冰消除；

他们敦厚，像是未凿之木；

他们旷远，像是深山幽谷；

他们包容，像是大河浑浊。

谁能在浑浊中静下来徐徐澄清？

谁能在安定中动起来慢慢推进？

只需保有此道，不求满盈。

由于不求满盈，虽有弊端也能新成。

第十六章

引导心灵虚寂，

守得心境安静。

万物活跃，

我观察它们如何回复本性。

万物纷纭，

终究会返归自身根本。

归根就会安静，

归根就是"复命"，

"命"就是本性。

"复命"就会知常，

知常就会心明。

不知常而异动，

那就会遭凶。

知常就能包容；

包容就能大公；

大公就能天下归从；

天下归从，就合乎天；

合乎天，也合乎道；

合乎道，才能长久，终身不殆。

第十七章

最好的统治，人们感觉不到它的存在；

其次，人们给予亲近和称赞；

再次，人们产生畏惧；

更次，人们给予轻蔑。

既然不足以信任，人们就不予以信任。

最好的统治是那样悠闲，很少言语，事已办成。百姓都说：我们自然而成。

第十八章

大道废弛，才倡道义；

智巧出现，才有大伪；

家庭不和，才倡孝慈；

国家昏乱，才有忠臣。

第十九章

抛弃了圣智，人民有百倍好处；

抛弃了仁义，孝慈就可以恢复；

抛弃了巧利，盗贼也能够消除。

圣智、仁义、巧利这三项，都文饰过度，成事不足。

所以，要让人另有归属。

那就是：见素抱朴，少私寡欲，抛弃学问，无忧无虑。

（这里最后八字，原文为"绝学无忧"，一般通行本在下章开头，根据张君相、蒋锡昌、高亨等人考订，移至此处。）

第二十章

允诺与应付，相差多少？善良与丑恶，如何区分？

——只是别人所畏怯的，也不能不畏怯几分。

人心的荒芜，没有止境。

众人都那么高兴，好像在享用盛宴，又像在向春台攀登。

我却如此淡泊，像一个还不会言语的婴儿，混沌疲顿，无处归停。

众人都有富余，而我独自匮乏，只有愚人之心。

世人那么光鲜，而我独自昏昏。

世人那么明晰，而我独自闷闷。

众人各有一套，而我独自拙笨。

然而，我偏要与众不同，只把道作为母亲。

第二十一章

大德的相貌,与道相应。

道这个东西,恍惚不定。

恍惚之中,有形有象;

恍惚之中,有物为证。

深远黯昧,蕴含精气;

精气甚真,最为可信。

自古至今,不失其名。

有它认知,万物起因。

我怎么知道万物起因?以道为因。

第二十二章

委曲反能全身,

屈躬反能直伸,

低洼反能充盈,

敝旧反能出新,

因少反能获得,

因多反会迷顿。

所以,圣人抱持着道,而成为天下范型。

不亲眼所见,所以清晰;

不自以为是,所以彰明;

不自我夸耀,所以显功;

不自我矜持,所以长存。

正因为不与人争,所以天下没有人能与他争。

古人所说的"曲则全"并非虚言,确实全而归正。

第二十三章

少说话,合乎自然。

你看,狂风刮不到一早晨,暴雨下不了一整天。谁决定的?天地。天地的狂暴尚不能持久,何况是人?

所以求道的人,与道相同;求德的人,与德相同;失去道德的人,与失去相同。

与道相同的人,道也乐于拥有他;与德相同的人,德也乐于拥有他;与失相同的人,失也乐于拥有他。

(此章之末有"信不足焉,有不信焉"之语,已在第十七章出现过,我翻译为"既然不足以信任,人们就不予以信任"。此处不再重复。)

第二十四章

踮脚的人,反而立不住;

跨越的人,反而行不通;

自见的人,反而不清晰;

自傲的人,反而不彰明;

自夸的人,反而失其功;

自矜的人,反而难长存。

以道来看,这些都是剩食、赘余,人人厌恶。有道的人,不这么做。

第二十五章

有一个东西浑然而成，先于天地，无声无形，独立不改，周行不停，是天下万物之本。

我不知道它的名字，那就称为"道"吧，也可以勉强叫作"大"。"大"会远行，因此又称"远"；"远"会返回，因此又称"反"。

所以，道大，天大，地大，人也大。寰宇间有这四大，人居其一。它们之间，人取法地，地取法天，天取法道，道取法自然。

第二十六章

重是轻的根本，静是动的主人。

所以，君子整日行走，却不离辎重。虽有华丽生活，却超然物外。

为什么身为大国君主，却以自身的轻率来面对天下？

轻率失根，躁动失君。

第二十七章

善于行走的，不留辙迹；

善于言谈的，不留瑕疵；

善于计算的，不用筹策；

善于闭关的，不用闩梢，却让人不能开；

善于捆绑的，不用绳索，却让人不能解。

圣人总是人尽其才，没有遗弃的人；又善于救物，没有遗弃之物。这就是真聪明。

善人是不善人的老师，不善人是善人的借鉴。如果不尊重老师，不爱惜借鉴，即使有智，也是大迷。这真是精妙之理。

第二十八章

明知雄健，却安于雌柔，愿做天下小溪。

做天下小溪，就不离纯常之德，回归婴儿状态。

明知光亮，却安于黑暗，愿做天下范式。

做天下范式，就不离纯常之德，回归无极境界。

明知荣耀，却安于屈辱，愿做天下川谷。

做天下川谷，纯常之德充足，就能回复质朴。

质朴如被割散，也就成了般般器物。圣人也会取用，但如果出来掌管，则知道天下一切大的形制都不可分割。

（"朴"，是指道的淳朴无名之性。据易顺鼎、高亨等学者考证，本章从"守其黑"至"知其荣"，即译文中从"安于黑暗"到"明知荣耀"，疑为后人加入。）

第二十九章

要想摄取天下而大有作为，我看做不到。

天下是神圣的存在，不可强有作为，不可着力执持。

谁作为，谁败坏；谁执持，谁丧失。

因此圣人无为，所以不败；无执，所以无失。

世人秉性各异：有的前行，有的跟随；有的嘘暖，有的吹寒；有的强壮，有的羸弱；有的顿挫，有的危殆。圣人要做的，就是帮他们去除极端，去除奢想，去除过度。

第三十章

以道来辅佐国君的人，不能以兵力逞强天下。

用兵这事，最容易遭到报应。

军队所过，遍地荆棘。大战之后，必有凶年。

适当地取得一些成果就可以了，不敢以兵示强。有了成果不要自大，不要夸耀，不要骄横。其实取得那些成果也是不得已，岂能拿来示强。

事物壮大了，必然衰老。因此，过度壮大不合乎道。

不合乎道，就会早早灭亡。

第三十一章

兵器是不祥之器，谁都厌恶，所以有道的人不去接近。

君子平日以左为上，用兵时却以右为上。

兵器作为不祥之器，就不是君子之器，不得已而用之，最好恬淡处之。得胜了也不要得意。如果得意，那就是以杀人为乐。以杀人为乐的人，就不能得志于天下。

吉庆的事以左为上，凶丧的事以右为上。军中偏将军居左，上将军居右，这就是说，打仗的事，依照的是凶丧仪式。由于死的人太多了，只能怀着哀痛之心到场。即使打了胜仗，也要依照凶丧仪式来处置。

第三十二章

道，永远是无名、质朴、幽微的，但天下没有谁能让它臣服。相反，侯王如果能够守住它，万物将会自动服从。

天地相合，降下甘露，民众不必分配，也能自然均匀。

创造之始，就有了各种名称。既然有了名称，就该知道限度。有了限度，就可以避免危殆。

道为天下所归，就像川谷归于大海。

第三十三章

认识别人，叫作"智"；

认识自己，叫作"明"。

战胜别人，叫作"有力"；

战胜自己，叫作"强"。

知足者富，

坚持者可谓有志，

不失根基就能长久，

死而不亡才是真正的长寿。

第三十四章

大道如河水滔滔，流注左右。

万物靠它生存它不推辞，有了功绩它不占有。

滋养万物而不为主，可以看作是"小"；万物归附仍不为主，又可以看作是"大"。

正因为它始终不自以为大，结果成就了真正的大。

第三十五章

执守大道，天下归往。往而无害，平泰安康。

音乐和美食，能使过客止步。但是，大道说出来，却淡而无味。

看它，看不见；听它，听不到；用它，却用不尽。

第三十六章

将要收缩它，必须暂且张扬它；

将要削弱它，必须暂且增强它；

将要废弃它，必须暂且振兴它；

将要夺取它，必须暂且给予它。

这些都是微妙的预见。

柔弱必胜刚强。

鱼不可脱离深渊，同样，国之利器，不可以示人。

第三十七章

道经常无为，却没有一件事不是它所为。

侯王若能持守它，万物都将自动化育。自动化育中会有贪欲产生，那就要用"无名之朴"——道，来镇服它。

只要镇服，就会使贪欲不起。贪欲不起，得到安静，天下自然稳定。

第三十八章

"上德"不表现德,所以有德。

"下德"在表现德,所以无德。

"上德"主张无为,所以不表现作为。

"下德"主张无为,所以要表现作为。

"上仁"主张有为,却不表现作为。

"上义"主张有为,也在表现作为。

"上礼"主张有为,也要表现作为,得不到回应,就会伸出胳臂要人服从。

因此,失了道,然后有德;失了德,然后有仁;失了仁,然后有义;失了义,然后有礼。礼这个东西,是忠信的不足、祸乱的起点。

另外还有自称先知的所谓"前识",也不过是道的虚华、愚的开始。

总之,大丈夫要立身敦厚,而不居浇薄;要立身朴实,而不居虚华。取什么,去什么,要分清楚。

第三十九章

(道有很多代称,此章以"得一"代称"得道",本于"道生一"。)

从来所谓"得一",是这样的:

天,得一而清明;

地,得一而安宁;

神,得一而显灵;

河谷,得一而充盈;

万物，得一而滋生；

侯王，得一而天下公正。

推而言之，

天不清明，怕是要崩裂；

地不安宁，怕是要地震；

神不显灵，怕是要消失；

河谷不充盈，怕是要枯竭；

万物不滋生，怕是要灭绝，

侯王不公正，怕是要败政。

由一联想，

贵以贱为本，

高以下为根。

侯王自称"孤"、"寡"、"不穀"，

不就是以贱为本吗？难道不是？

因此，过多的美名就会失去美名，

不愿要琭玉的高贵，宁肯要落石的坚硬。

（"不穀"即不善，古代帝王自贬式的自称。）

第四十章

反，是道的运动。

弱，是道的作用。

天下万物生于"有"，

而"有"生于"无"。

第四十一章

"上士"问道,赶紧实行;

"中士"问道,将信将疑;

"下士"问道,哈哈大笑。

不被讪笑,不足以为道。

因此老话说得好:

光明的道,好似黯昧;

进取的道,好似后退;

平坦的道,好似崎岖;

崇高的德,好似低谷;

宏大的德,好似不足;

刚健的德,好似惰怠;

质朴的德,好似浑浊;

纯净的白,好似卑污;

最大的方正,没有棱角;

最大的器物,最晚完成;

最大的声音,很难听到;

最大的形象,就像无形。

道,隐约无名,但只有它,善于起始,善于大成。

第四十二章

道生一,一生二,二生三,三生万物。万物抱负着阴阳,阴阳两气对冲而和合。

人们厌恶的"孤"、"寡"、"不穀",王公却用来自称。可见,一切事物,减损反有增益,增益反有减损。这是人之所教,我也拿来教人。"强梁者不得其死",我将以此为教本。

第四十三章

天下最柔软的东西,能在最坚硬的地方驰骋。

因为"无形体",所以能穿入"无间隙"。

我由此知道,无为有益。

不言之教,无为之益,天下什么也比不上。

第四十四章

名声与生命,哪一个更亲?

生命与财产,哪一个更重?

得到与失去,哪一个更有弊病?

过度喜爱必然是过度耗损,

太多收藏必定成太多灰烬。

知道满足,就不会有屈辱。

知道中止,就不会陷困境。

如能这样,可以长存。

第四十五章

最大的完成好像缺什么,但很好用。

最大的充盈好像有点空虚,但用不尽。

最直，好像是屈；

最巧，好像是拙；

最会说话，好像嘴笨。

静胜躁，寒胜热，

只有清静，才能使天下归正。

第四十六章

天下有道，让战马来耕田；

天下无道，让母马去作战。

祸，莫大于不知足；

罪，莫大于贪欲。

因此，

知足的满足，是永远的满足。

第四十七章

不出门，知天下。

不窥窗，见天道。

走得越远，知道越少。

因此，

圣人不行而知，不见而明，不为而成。

第四十八章

学得越多，为道越少。少而又少，至于无为。

说是无为，却事事可为。

治理天下，不要自找麻烦。如果有太多麻烦，就不配治理天下。

第四十九章

圣人无心，以百姓之心为心。

对于善者，我善待；

对于不善者，我也善待。

这就得到了善。

对于信者，我信任；

对于不信者，我也信任。

这就得到了信。

圣人在天下，收纳天下浑朴之心。

百姓只关注耳目，圣人让他们重返婴儿的纯真。

第五十章

人，在生死之间出入。

靠近生的，三成；靠近死的，三成；自己找死的，三成。怎么找死？奉养过度。

听说真正善于摄护生命的人，走在陆地上遇不到犀牛和老虎，进了军队也不被伤害。对他们，犀牛用不上角，老虎用不上爪，兵器用不上刃。

这是为什么？因为他们还没有进入死亡名册。

第五十一章

道生万物，德育万物，并使它们成形、成势。

所以，万物莫不尊道而贵德。

尊道贵德，因为它们从不给谁下令，一切出于自然。

于是，滋生万物，养育万物，长之育之，成之熟之，养之护之。

生成了万物而不占有，养育了万物而不自恃，执掌了万物而不主宰，这就是最深远的德，称为"玄德"。

第五十二章

天下有始源，那就是天下之母。

认定了"母"，就会认定"子"。认定了"子"，就会守护"母"。这样，就终身不会陷于危殆。

塞住口，关住门，终身无病。

打开是非口道，启动事欲之门，那就会终身无救。

能见细微，叫明。

能守柔弱，叫强。

那就用它的光，复归其明，不留祸殃，习以为常。

第五十三章

只要我介然有知，就一定行于大道，怕入迷途。

大道平坦，但是有的君主却好走邪路。宫殿整洁，农田荒芜，库存空虚，身穿彩服，佩带利剑，饮食饱足，占尽财富。

这就是强盗头子，非道之徒！

（文中"君主"译自"人"，原本为"民"，依景龙本及严可均、奚侗、蒋锡昌的考订，改为"人"。）

第五十四章

善于建树者，不可拔除。

善于保持者，不会脱落。

这种人，子孙会祭祀不辍。

这种人——

修之于身，其德乃真；

修之于家，其德乃余；

修之于乡，其德乃长；

修之于邦，其德乃丰；

修之于天下，其德乃普。

怎么修？

以自身关照别人，

以自家关照别家，

以自乡关照别乡，

以自国关照别国，

以天下关照天下。

我为什么能够知道天下？

就是这个原因。

第五十五章

含德深厚的人，和婴儿一样。

毒虫不刺他，猛兽不伤他，凶鸟不抓他。他筋骨柔弱却已经拳头紧握，他未知男女却已经能够勃起，因为精气健旺。他终日号哭而不哑，因元气和合产生了力量。

要知道，和合是世间常性，这种常性就能把万物点亮。

相反，纵欲贪生就会遇妖，内心使气就是逞强。过分强壮不合于道，不合于道就会早早衰亡。

第五十六章

知者不言，言者不知。

塞住口，

闭其门，

挫其锐，

解其纷。

与光相融，混同世尘。

这就叫"玄同"，

玄妙大同之境。

在这里，

不分亲疏，

不分利害，

不分贵贱，

所以被天下尊敬。

第五十七章

以正治国，以奇用兵，以无为来执掌天下。

我为什么要这样做？

根据是——

天下禁忌越多，人民越是贫困；

民间利器越多，国家越是混乱；

人们技巧越多，邪事越是滋生；

法令越是彰显，盗贼越是大增。

所以圣人说：

我无为，人民自然化育；

我好静，人民自然端正；

我无事，人民自然富裕；

我无欲，人民自然淳朴。

第五十八章

政治宽厚，人民就淳朴，

严治严苛，人民就机诈。

祸兮，福之所倚；

福兮，祸之所伏。

谁知究竟如何？

实在没有定准。

正常变为反常，

善良变为妖孽，

人们对之迷惑，也是由来已久。

因而要看圣人举止——

方正而不割人，

锐利而不伤人，

正直而不压人，

光亮而不耀人。

第五十九章

治人、事天，都应该"啬"。

由于爱惜到"吝啬"，就能早有准备，重在"积德"。

重在积德，无所不克。无所不克，莫知其极。莫知其极，便可以治国。治国有根，可以长久。

这就叫作：深根、固柢，长生之道。

第六十章

治大国，就好像煎小鱼。

以道治国，鬼怪就不能混同于神。

鬼怪不神，而神本身又不妨碍人。

不仅神不妨碍人，圣人也不妨碍人。

彼此互不妨碍，归德于民，相安无事。

（本章把治大国比作煎小鱼，历代多数学者认为是意指从容无忧、不多翻动。）

第六十一章

大国，理应处于江河下流，处于天下阴柔处，处于天下交汇处。

阴柔常常以安静胜过刚强，就是因为它静静地处于下方。

因此大国如果能以谦下的态度对待小国，那就能取信小国；小国如果能以谦下的态度对待大国，那也能取信大国。总之，只要谦下，或者取信，或者被取信。

大国不要过于引领，小国不要过于奉承。那么，两者都能各得所欲。相比之下，大国更应该谦下。

第六十二章

道是万物之藏。善良的人珍惜它，不善的人也想保有它。

美言令人尊敬，美行被人看重。因此，即使不善的人也舍不得把道丢弃。

请看天子登基，三公上任，虽有拱璧在前，驷马在后，还不如以道献礼。

自古以来人们对道如此重视，似乎有求就能获得，有罪也能减免。可见，道，总被天下推崇。

第六十三章

把无为当作为，

把无事当作事，

把无味当作味。

大可以为小，小可以为大；多可以为少，少可以为多。

从容易处开解难题,

从细小处来做大事。

其实天下难事,必从易处着手;

天下大事,必从细处开始。

圣人始终不自以为大,因而成就了真正的大。

轻诺必寡信。把事情看容易了,必然多难。

圣人总是重视困难,结果反而没有困难。

(本文论述"大小多少"之后还有"报怨以德"四字,依马叙伦、严灵峰考订,应移入第七十九章。)

第六十四章

局面安稳,容易持守;未出预兆,容易图谋。

脆弱之时,容易消解;细微之时,容易流走。

在未有时动手,在未乱时统筹。

合抱之木,生于毫末。

九层之台,起于累土。

千里之行,始于足下。

人们做事,常败在即将成功之时。

慎终如始,则无败事。

(此章后又有三十余字,与上文并不连贯,多数研究者认为是章节错置,却不知该返还何处。其原文为:"是以圣人欲不欲,不贵难得之货;学不学,复众人之所过,以辅万物之自然而不敢为。"且今译如下:因此,圣人的欲望就是不欲,对稀有之物并不看重;圣人的学问就是不学，弥补众人过错，辅助万物自然，不敢另有作为。）

第六十五章

古代善于行道的人，不是让人民聪明，而是让人民愚钝。

人民难于统治，是由于他们的智太多。如果以智治国，是国之祸；如果不以智治国，是国之福。

知晓这两点，也是一种范式。永远尊重这种范式，可叫"玄德"。又深又玄之德，与具体事物相反，却是达到大顺之德。

第六十六章

江海善于自处下方，因此成了百谷王者。

因此，圣人若要统治人民，必先出言谦下；若要率领人民，必先置身人后。

对圣人而言，即使处于上方也不让人民负重，即使处于前方也不对人民有碍。因此，天下乐于推举他而不厌倦。

因为他不争，所以天下没有人能与他争。

第六十七章

我有三宝，一直持有并且保全。

一是慈爱，二是俭朴，三是不敢为天下先。

能慈爱就能勇敢，能俭朴就能宽广，能不敢为天下先就能成为诸物之长。

现在的人们，舍弃了慈爱而求勇敢，舍弃了俭朴而求宽广，舍弃了退让而争先，那就只能走向死亡。

尤其是慈爱，以它来参战就能胜利，以它来防守就能巩固。天要救助谁，就用慈爱来卫护他。

（此章开头，有二十五字与下文并不连贯，多数研究者认为是章节错置，却不知该返还何处。其原文为："天下皆谓我，道大，似不肖。夫唯大，故似不肖。若肖，久矣其细也夫。"且今译如下：天下人都对我说，道大，不像是具体的东西。其实，正因为它大，所以不像是具体的东西。如果像了，那就小了。）

第六十八章

善于为帅的，不逞勇武；

善于作战的，不显愤怒；

善于胜敌的，不做对斗；

善于用人的，要有谦下态度。

这就是不争之德，这就能用他人之力，与天道相符。

（此章最后有"古之极"三字，俞樾认为"古"为衍文，应留"天之极"，即本译之谓"天道"。）

第六十九章

用兵的人曾说："我不敢攻，而退为守；不敢进一寸，而退一尺。"

这就是，有阵不摆，有臂不伸，有敌无敌，有兵不执。

祸莫大于轻敌，轻敌就会丧失我的"三宝"。

如果两军势力相当，哀者获胜。

第七十章

我的话，易知易行。但是，天下都不知不行。

我出言有宗旨，说事有中心，但大家都不知道，所以也就不了解我。

了解我的人很少，听从我的更是难得。

由此想到圣人：外披粗衣，怀揣美玉。

第七十一章

知道自己不知，最好；

不知而以为知，病了。

圣人不病，因为他们把病当病，所以不再是病。

把病当病，那就不是病了。

第七十二章

人民不怕威压，因为不怕，就会有大事发生。

不要控制他们的居住，不要堵压他们的生路。只有你不去压抑，他们才不会感到压抑。

因此，圣人只求自知，不求自显；只求自爱，不求自贵。那就去除自显、自贵，只求自知、自爱。

第七十三章

勇而不顾，则死；勇而不敢，则活。这两种勇，或者得利，或者受害。

天道的好恶，谁知道原因？虽圣人也难以说明。

天之道，不争而善胜，不言而善应，不召而自来，虽迟而善谋。

天网恢恢，疏而不失。

第七十四章

人民不怕死，为何要用死来恐吓他们？

如果要使他们畏惧，可以找那些邪恶的罪犯杀之，那还有谁敢？但这事要让专管惩罚的人去做，如果有人要替代，那就像替代木匠砍木，很少不伤自己的手。

第七十五章

人民饥饿，是因为上面吞税太多；

人民难治，是因为上面常有妄为；

人民轻死，是因为上面过于厚养。

其实，不在乎的人，胜于厚养的人。

第七十六章

人活着的时候是柔弱的，死了就僵硬。

草木活着的时候又柔又脆，死了就会枯槁。

因此，强硬属死亡一族，柔弱属生存一族。

所以，兵强必灭，木强必折。强硬为下，柔弱为上。

第七十七章

天之道，

不就像拉开的弓吗？

高了，压低一点；

低了，抬高一点。

过了，减去一点；

不足，补上一点。

天之道，

损有余而补不足；

人之道则不然，

损不足以奉有余。

谁能把有余奉献天下？

只有得道的人才能这样。

第七十八章

天下没有比水更柔弱的了，但攻势强大的力量没法胜过它，因而没有什么能够替代它。

弱能胜强，柔能胜刚。天下没有人不懂，但是谁也不肯这么做。圣人说：承受国家的屈辱，才算是君主；承受国家的祸殃，才算是君王。

这是正言，但听起来却像是反话。

第七十九章

和解了大怨，必有余怨。 如果以德报怨，是否能比较妥善？

圣人虽握有债权，也不要人家偿还。

有德的人握债权而无偿，无德的人掌税权而行事。

天道无亲，常向善人。

第八十章

国家要小，人民要少。

器具虽多而不用，

民众重死不远迁。

虽有船车不乘坐，

虽有武器不陈列。

使人民回到结绳记事的状态。

吃得香甜，

穿得漂亮，

住得安适，

乐其风俗。

邻国相望，

鸡犬之声相闻，

老死不相往来。

第八十一章

信言不美，美言不信。

善者不辩，辩者不善。

知者不博，博者不知。

圣人不喜积藏，

尽力帮助别人，自己反更充足；

尽力给予别人，自己反更增多。

天之道，利而不害；

圣人之道，为而不争。

原文

第一章

道可道，非常道。名可名，非常名。

无，名天地之始；有，名万物之母。

故常无，欲以观其妙。常有，欲以观其徼。

此两者，同出而异名，同谓之玄。玄之又玄，众妙之门。

第二章

天下皆知美之为美，斯恶已；皆知善之为善，斯不善已。

有无相生，难易相成，长短相形，高下相倾，音声相和，前后相随。

是以圣人处无为之事，行不言之教。万物作而弗始，生而弗有，为而弗恃，功成而弗居。夫唯弗居，是以不去。

第三章

不尚贤，使民不争。不贵难得之货，使民不为盗。不见可欲，使民心不乱。

是以圣人之治，虚其心，实其腹，弱其志，强其骨。常使民无知无欲，使夫智者不敢为也。为无为，则无不治。

第四章

道冲，而用之或不盈。渊兮，似万物之宗。挫其锐，解其纷，和其光，同其尘。湛兮，似或存。吾不知谁之子，象帝之先。

第五章

天地不仁，以万物为刍狗。圣人不仁，以百姓为刍狗。
天地之间，其犹橐龠乎！虚而不屈，动而愈出。
多言数穷，不如守中。

第六章

谷神不死，是谓玄牝。玄牝之门，是谓天地根。绵绵若存，用之不勤。

第七章

天长地久。天地所以能长且久者，以其不自生，故能长生。
是以圣人后其身而身先，外其身而身存。非以其无私邪？故能成其私。

第八章

上善若水。水善利万物而不争，处众人之所恶，故几于道。
居善地，心善渊，与善仁，言善信，政善治，事善能，动善时。
夫唯不争，故无尤。

第九章

持而盈之，不如其已。

揣而锐之，不可长保。

金玉满堂，莫之能守。

富贵而骄，自遗其咎。

功遂身退，天之道也。

第十章

载营魄抱一，能无离乎？

专气致柔，能如婴儿乎？

涤除玄鉴，能无疵乎？

爱民治国，能无为乎？

天门开阖，能为雌乎？

明白四达，能无知乎？

第十一章

三十辐，共一毂，当其无，有车之用。

埏埴以为器，当其无，有器之用。

凿户牖以为室，当其无，有室之用。

故有之以为利，无之以为用。

第十二章

五色令人目盲。

五音令人耳聋。

五味令人口爽。

驰骋畋猎，令人心发狂。

难得之货，令人行妨。

是以圣人为腹不为目，故去彼取此。

第十三章

宠辱若惊，贵大患若身。

何谓宠辱若惊？宠为下，得之若惊，失之若惊，是谓宠辱若惊。

何谓贵大患若身？吾所以有大患者，为吾有身，及吾无身，吾有何患？

故贵以身为天下，若可寄天下；爱以身为天下，若可托天下。

第十四章

视之不见，名曰夷。听之不闻，名曰希。搏之不得，名曰微。此三者不可致诘，故混而为一。其上不皦，其下不昧，绳绳兮不可名，复归于无物。是谓无状之状，无物之象，是谓恍惚。

迎之不见其首，随之不见其后。执古之道，以御今之有。能知古始，是谓道纪。

第十五章

古之善为道者，微妙玄通，深不可识。夫唯不可识，故强为之容：

豫兮，若冬涉川；

犹兮，若畏四邻；

俨兮，其若客；

涣兮，其若凌释；

敦兮，其若朴；

旷兮，其若谷；

混兮，其若浊。

孰能浊以静之徐清？

孰能安以动之徐生？

保此道者，不欲盈。

夫唯不盈，故能蔽而新成。

第十六章

致虚极，守静笃。

万物并作，吾以观复。

夫物芸芸，各复归其根。归根曰静，静曰复命。复命曰常，知常曰明。不知常，妄作凶。

知常容，容乃公，公乃全，全乃天，天乃道，道乃久，没身不殆。

第十七章

太上，不知有之；

其次，亲而誉之；

其次，畏之；

其次，侮之。

信不足焉，有不信焉。

悠兮其贵言。 功成事遂，百姓皆谓：我自然。

第十八章

大道废，有仁义；

智慧出，有大伪；

六亲不和，有孝慈；

国家昏乱，有忠臣。

第十九章

绝圣弃智，民利百倍；

绝仁弃义，民复孝慈；

绝巧弃利，盗贼无有。

此三者以为文，不足。

故令有所属：

见素抱朴，少私寡欲，绝学无忧。

第二十章

唯之与阿，相去几何？美之与恶，相去若何？

人之所畏，不可不畏。

荒兮，其未央哉！

众人熙熙，如享太牢，如春登台。

我独泊兮，其未兆。

沌沌兮，如婴儿之未孩。

儽儽兮，若无所归。

众人皆有余，而我独若遗，我愚人之心也哉。

俗人昭昭，我独昏昏。

俗人察察，我独闷闷。

众人皆有以，而我独顽且鄙。

我独异于人，而贵食母。

第二十一章

孔德之容，唯道是从。

道之为物，唯恍唯惚。惚兮恍兮，其中有象；恍兮惚兮，其中有物。

窈兮冥兮，其中有精；其精甚真，其中有信。

自今及古，其名不去，以阅众甫。

吾何以知众甫之状哉？以此。

第二十二章

曲则全，枉则直，洼则盈，敝则新，少则得，多则惑。

是以圣人抱一为天下式。

不自见，故明；

不自是，故彰；

不自伐，故有功；

不自矜，故长。

夫唯不争，故天下莫能与之争。

古之所谓"曲则全"者，岂虚言哉，诚全而归之。

第二十三章

希言自然。

故飘风不终朝，骤雨不终日。孰为此者？天地。天地尚不能久，而况于人乎？故从事于道者，同于道；德者，同于德；失者，同于失。同于道者，道亦乐得之；同于德者，德亦乐得之；同于失者，失亦乐得之。

信不足焉，有不信焉。

第二十四章

企者不立；

跨者不行；

自见者不明；

自是者不彰；

自伐者无功；

自矜者不长。

其在道也，曰余食赘形，物或恶之。故有道者不处。

第二十五章

有物混成，先天地生。寂兮寥兮，独立而不改，周行而不殆，可以为天地母。吾不知其名，强字之曰道，强为之名曰大。大曰逝，逝曰远，远曰反。

故道大，天大，地大，人亦大。域中有四大，而人居其一焉。

人法地，地法天，天法道，道法自然。

第二十六章

重为轻根，静为躁君。

是以君子终日行不离辎重。虽有荣观，燕处超然。奈何万乘之主，而以身轻天下？

轻则失根，躁则失君。

第二十七章

善行无辙迹；

善言无瑕谪；

善数不用筹策；

善闭无关楗而不可开；

善结无绳约而不可解。

是以圣人常善救人，故无弃人；常善救物，故无弃物。是谓袭明。

故善人者，不善人之师。不善人者，善人之资。不贵其师，不爱其资，虽智大迷，是谓要妙。

第二十八章

知其雄，守其雌，为天下谿。

为天下谿，常德不离，复归于婴儿。

知其白，守其黑，为天下式。

为天下式，常德不忒，复归于无极。

知其荣，守其辱，为天下谷。

为天下谷，常德乃足，复归于朴。

朴散则为器，圣人用之，则为官长，故大制不割。

第二十九章

将欲取天下而为之，吾见其不得已。天下神器，不可为也，不可执也。

为者败之，执者失之。

是以圣人无为，故无败；无执，故无失。

夫物或行或随，或歔或吹，或强或羸，或载或隳。

是以圣人去甚，去奢，去泰。

第三十章

以道佐人主者，不以兵强天下。其事好还。师之所处，荆棘生焉。大军之后，必有凶年。

善有果而已，不敢以取强。果而勿矜，果而勿伐，果而勿骄，果而不得已，果而勿强。

物壮则老，是谓不道，不道早已。

第三十一章

夫兵者，不祥之器，物或恶之，故有道者不处。

君子居则贵左，用兵则贵右。兵者不祥之器，非君子之器，不得已而用之，恬淡为上。

胜而不美，而美之者，是乐杀人。夫乐杀人者，则不可得志于天下矣。

吉事尚左，凶事尚右。偏将军居左，上将军居右，言以丧礼处之。杀人之众，以悲哀泣之，战胜以丧礼处之。

第三十二章

道常无名，朴，虽小，天下莫能臣。侯王若能守之，万物将自宾。

天地相合，以降甘露，民莫之令而自均。

始制有名，名亦既有，夫亦将知止，知止可以不殆。

譬道之在天下，犹川谷之于江海。

第三十三章

知人者智，

自知者明。

胜人者有力，

自胜者强。

知足者富。

强行者有志。

不失其所者久。

死而不亡者寿。

第三十四章

大道氾兮，其可左右。

万物恃之以生而不辞，功成而不有。

衣养万物而不为主，可名于小；

万物归焉而不为主，可名为大。

以其终不自为大，故能成其大。

第三十五章

执大象，天下往。往而不害，安平泰。

乐与饵，过客止。道之出口，淡乎其无味，视之不足见，听之不足闻，用之不足既。

第三十六章

将欲歙之，必固张之；

将欲弱之，必固强之；

将欲废之，必固兴之；

将欲取之，必固与之。

是谓微明。

柔弱胜刚强。

鱼不可脱于渊，国之利器，不可以示人。

第三十七章

道常无为而无不为。侯王若能守之，万物将自化。化而欲作，吾将镇之以无名之朴。镇之以无名之朴，夫将不欲。不欲以静，天下将自正。

第三十八章

上德不德，是以有德。

下德不失德，是以无德。

上德无为而无以为。

下德无为而有以为。

上仁为之而无以为。

上义为之而有以为。

上礼为之而莫之应，则攘臂而扔之。

故失道而后德，失德而后仁，失仁而后义，失义而后礼。夫礼者，忠信之薄，而乱之首。

前识者，道之华，而愚之始。

是以大丈夫处其厚，不居其薄；处其实，不居其华。故去彼取此。

第三十九章

昔之得一者：天得一以清，地得一以宁，神得一以灵，谷得一以盈，万物得一以生，侯王得一以为天下正。

其致之也，谓天无以清，将恐裂；地无以宁，将恐废；神无以灵，将恐歇；谷无以盈，将恐竭；万物无以生，将恐灭；侯王无以正，将恐蹶。

故贵以贱为本，高以下为基。

是以侯王自称孤、寡、不穀。此非以贱为本邪？非乎？故至誉无誉。是故不欲琭琭如玉，珞珞如石。

第四十章

反者，道之动。

弱者，道之用。

天下万物生于有，

有生于无。

第四十一章

上士闻道，勤而行之；

中士闻道，若存若亡；

下士闻道，大笑之。不笑不足以为道。

故建言有之：

明道若昧，

进道若退，

夷道若纇，

上德若谷，

广德若不足，

建德若偷，

质真若渝，

大白若辱，

大方无隅，

大器晚成，

大音希声，

大象无形。

道隐其名，

夫唯道，善贷且成。

第四十二章

道生一，一生二，二生三，三生万物。万物负阴而抱阳，冲气以为和。

人之所恶，唯孤、寡、不榖，而王公以为称。故物或损之而益，或益之而损。人之所教，我亦教之。强梁者不得其死，吾将以为教父。

第四十三章

天下之至柔，驰骋天下之至坚。

无有入无间，吾是以知无为之有益。

不言之教，无为之益，天下希及之。

第四十四章

名与身孰亲？

身与货孰多？

得与亡孰病？

甚爱必大费，多藏必厚亡。

故知足不辱，知止不殆，可以长久。

第四十五章

大成若缺，其用不弊。

大盈若冲，其用不穷。

大直若屈，大巧若拙，大辩若讷。

静胜躁，寒胜热，清静为天下正。

第四十六章

天下有道，却走马以粪；

天下无道，戎马生于郊。

祸莫大于不知足，咎莫大于欲得。

故知足之足，常足矣。

第四十七章

不出户，知天下。不窥牖，见天道。其出弥远，其知弥少。

是以圣人不行而知，不见而明，不为而成。

第四十八章

为学日益，为道日损。损之又损，以至于无为。

无为而无不为。取天下常以无事，及其有事，不足以取天下。

第四十九章

圣人常无心，以百姓心为心。

善者，吾善之；不善者，吾亦善之；德善。

信者，吾信之；不信者，吾亦信之；德信。

圣人在天下，歙歙焉，为天下浑其心。百姓皆注其耳目，圣人皆孩之。

第五十章

出生入死。生之徒，十有三；死之徒，十有三；人之生，动之于死地，亦十有三。

夫何故？以其生生之厚。

盖闻善摄生者，陆行不遇兕虎，入军不被甲兵。兕无所投其角，虎无所用其爪，兵无所容其刃。夫何故？以其无死地。

第五十一章

道生之，德畜之，物形之，势成之。

是以万物莫不尊道而贵德。

道之尊，德之贵，夫莫之命而常自然。

故道生之，德畜之，长之育之，亭之毒之，养之覆之。生而不有，为而不恃，长而不宰，是谓玄德。

第五十二章

天下有始，以为天下母。既得其母，以知其子；既知其子，复守其母，没身不殆。

塞其兑，闭其门，终身不勤。

开其兑，济其事，终身不救。

见小曰明，守柔曰强。用其光，复归其明，无遗身殃，是为袭常。

第五十三章

使我介然有知，行于大道，唯施是畏。

大道甚夷，而人好径，朝甚除，田甚芜，仓甚虚，服文彩，带利剑，厌饮食，财货有余。

是谓盗夸，非道也哉！

第五十四章

善建者不拔，

善抱者不脱，

子孙以祭祀不辍。

修之于身，其德乃真；

修之于家，其德乃余；

修之于乡，其德乃长；

修之于邦，其德乃丰；

修之于天下，其德乃普。

故以身观身，

以家观家，

以乡观乡，

以邦观邦，

以天下观天下。

吾何以知天下然哉？

以此。

第五十五章

含德之厚，比于赤子。毒虫不螫，猛兽不据，攫鸟不搏。骨弱筋柔而握固。未知牝牡之合而朘作，精之至也。终日号而不嗄，和之至也。

知和曰常，知常曰明。益生曰祥，心使气曰强。物壮则老，谓之不道，不道早已。

第五十六章

知者不言，言者不知。

塞其兑，闭其门，挫其锐，解其纷，和其光，同其尘。是谓玄同。

故不可得而亲，不可得而疏；不可得而利，不可得而害；不可得而贵，不可得而贱，故为天下贵。

第五十七章

以正治国，以奇用兵，以无事取天下。

吾何以知其然哉？以此——

天下多忌讳，而民弥贫；

人多利器，国家滋昏；

人多伎巧，奇物滋起；

法令滋彰，盗贼多有。

故圣人云：我无为，而民自化；我好静，而民自正；我无事，而民自富；我无欲，而民自朴。

第五十八章

其政闷闷，其民淳淳；

其政察察，其民缺缺。

祸兮福之所倚，福兮祸之所伏。

孰知其极？其无正也。

正复为奇，善复为妖。

人之迷，其日固久。

是以圣人方而不割，廉而不刿，直而不肆，光而不耀。

第五十九章

治人事天，莫若啬。

夫唯啬，是谓早服。早服谓之重积德，重积德则无不克，无不克则莫知其极，莫知其极可以有国，有国之母可以长久。

是谓深根固柢，长生久视之道。

第六十章

治大国若烹小鲜。

以道莅天下,其鬼不神。

非其鬼不神,其神不伤人。

非其神不伤人,圣人亦不伤人。

夫两不相伤,故德交归焉。

第六十一章

大邦者下流,天下之牝,天下之交也。

牝常以静胜牡,以静为下。

故大邦以下小邦,则取小邦;小邦以下大邦,则取大邦。

故或下以取,或下而取。大邦不过欲兼畜人,小邦不过欲入事人。

夫两者各得所欲,大者宜为下。

第六十二章

道者万物之奥。善人之宝,不善人之所保。

美言可以市尊,美行可以加人。人之不善,何弃之有?

故立天子,置三公,虽有拱璧以先驷马,不如坐进此道。

古之所以贵此道者何?不曰:求以得,有罪以免邪?故为天下贵。

第六十三章

为无为,

事无事,

味无味,

大小多少。

图难于其易,

为大于其细。

天下难事,必作于易；

天下大事,必作于细。

是以圣人终不为大,故能成其大。

夫轻诺必寡信,多易必多难。

是以圣人犹难之,故终无难矣。

第六十四章

其安易持,其未兆易谋。

其脆易泮,其微易散。

为之于未有,治之于未乱。

合抱之木,生于毫末。

九层之台,起于累土。

千里之行,始于足下。

民之从事,常于几成而败之。

慎终如始,则无败事。

第六十五章

古之善为道者,非以明民,将以愚之。

民之难治，以其智多。故以智治国，国之贼；不以智治国，国之福。

知此两者亦稽式。常知稽式，是谓玄德。玄德深矣，远矣，与物反矣，然后乃至大顺。

第六十六章

江海之所以能为百谷王者，以其善下之，故能为百谷王。

是以圣人欲上民，必以言下之；欲先民，必以身后之。

是以圣人处上而民不重，处前而民不害，是以天下乐推而不厌。

以其不争，故天下莫能与之争。

第六十七章

我有三宝，持而保之。

一曰慈，二曰俭，三曰不敢为天下先。

慈故能勇，俭故能广，不敢为天下先，故能成器长。

今舍慈且勇，舍俭且广，舍后且先，死矣！

夫慈，以战则胜，以守则固。天将救之，以慈卫之。

第六十八章

善为士者，不武；

善战者，不怒；

善胜敌者，不与；

善用人者，为之下。

是谓不争之德，是谓用人之力。是谓配天之极也。

第六十九章

用兵有言："吾不敢为主，而为客；不敢进寸，而退尺。"

是谓行无行，攘无臂，扔无敌，执无兵。

祸莫大于轻敌，轻敌几丧吾宝。

故抗兵相若，哀者胜矣。

第七十章

吾言甚易知，甚易行。天下莫能知，莫能行。

言有宗，事有君。夫唯无知，是以不我知。

知我者希，则我者贵。是以圣人被褐而怀玉。

第七十一章

知不知，尚矣；

不知知，病也。

圣人不病，以其病病。夫唯病病，是以不病。

第七十二章

民不畏威，则大威至。

无狎其所居，无厌其所生。夫唯不厌，是以不厌。

是以圣人自知不自见，自爱不自贵。故去彼取此。

第七十三章

勇于敢则杀，勇于不敢则活。此两者，或利或害。天之所恶，孰知其故？是以圣人犹难之。

天之道，不争而善胜，不言而善应，不召而自来，繟然而善谋。

天网恢恢，疏而不失。

第七十四章

民不畏死，奈何以死惧之？

若使民常畏死，而为奇者，吾得执而杀之，孰敢？

常有司杀者杀。夫代司杀者杀，是谓代大匠斫。夫代大匠斫者，希有不伤其手矣。

第七十五章

民之饥，以其上食税之多，是以饥。

民之难治，以其上之有为，是以难治。

民之轻死，以其上求生之厚，是以轻死。

夫唯无以生为者，是贤于贵生。

第七十六章

人之生也柔弱，其死也坚强。

草木之生也柔脆，其死也枯槁。

故坚强者死之徒，柔弱者生之徒。

是以兵强则灭，木强则折。

强大处下，柔弱处上。

第七十七章

天之道，其犹张弓与？

高者抑之，

下者举之；

有余者损之，

不足者补之。

天之道，损有余而补不足；

人之道，则不然，损不足以奉有余。

孰能有余以奉天下？唯有道者。

第七十八章

天下莫柔弱于水，而攻坚强者莫之能胜，以其无以易之。

弱之胜强，柔之胜刚，天下莫不知，莫能行。

是以圣人云：受国之垢，是谓社稷主；受国不祥，是为天下王。正言若反。

第七十九章

和大怨，必有余怨。报怨以德，安可以为善？

是以圣人执左契，而不责于人。有德司契，无德司彻。

天道无亲，常与善人。

第八十章

小国寡民。

使有什伯之器而不用,

使民重死而不远徙。

虽有舟舆,无所乘之;

虽有甲兵,无所陈之。

使民复结绳而用之。

甘其食,

美其服,

安其居,

乐其俗。

邻国相望,

鸡犬之声相闻,

民至老死不相往来。

第八十一章

信言不美,美言不信。

善者不辩,辩者不善。

知者不博,博者不知。

圣人不积,既以为人己愈有,既以与人己愈多。

天之道,利而不害;

圣人之道,为而不争。

名家论余秋雨

余秋雨先生把唐宋八大家所建立的散文尊严又一次唤醒了。或者说，他重铸了唐宋八大家诗化地思索天下的灵魂。

——白先勇

余秋雨的有关文化研究蹈大方，出新裁。他无疑拓展了当今文学的天空，贡献巨大。这样的人才百年难得，历史将会敬重。

——贾平凹

北京有年轻人为了调侃我，说浙江人不会写文章。就算我不会，但浙江人里还有鲁迅和余秋雨。

——金庸

中国散文，在朱自清和钱锺书之后，出了余秋雨。

——余光中

余秋雨先生每次到台湾演讲，都在社会上激发起新一波的人文省思。海内外的中国人，都变成了余先生诠释中华文化的读者与听众。

——美国威斯康星大学荣誉教授　高希均

余秋雨先生对中国文化的贡献功不可没。他三次来美国演讲，无论是在联合国的国际舞台，还是在华美人文学会、哥伦比亚大学、哈佛大学、纽约大学或国会图书馆的学术舞台，都为中国了解世界，世界了解中国搭建了新的桥梁。他当之无愧是引领读者泛舟世界文明长河的引路人。

——联合国中文教学组前组长　何勇

余秋雨文化大事记

· 1946 年 8 月 23 日出生于浙江省余姚县桥头镇（今属慈溪），在家乡读完小学。

· 1957 年至 1963 年，先后就读于上海新会中学、晋元中学、培进中学至高中毕业。其间，曾获上海市作文比赛首奖、上海市数学竞赛大奖。

· 1963 年考入上海戏剧学院戏剧文学系，但入学后以下乡参加农业劳动为主。

· 1966 年夏天遇到了一场极端主义的政治运动，家破人亡。父亲余学文先生因被检举有"错误言论"而被关押十年，全家八口人经济来源断绝；唯一能接济的叔叔余志士先生又被造反派迫害致死。1968 年被发配到军垦农场服劳役，每天从天不亮劳动到天全黑，极端艰苦。

· 1971 年"九一三事件"后，周恩来总理为抢救教育而布置复课、编教材。从农场回上海后被分配到"各校联合教材编写组"，但自己择定的主要任务是冒险潜入外文书库独自编写《世界戏剧学》，对抗当时以"八个革命样板戏"为代表的文化极端主义。

· 1976 年 1 月，编写教材被批判为"右倾翻案"，又因违反禁令主持周恩来的追悼会而被查缉，便逃到浙江省奉化县大桥镇半山一座封闭的老藏书楼研读中国古代文献，直至此年 10 月那场政治运动结束，下山返回上海。

· 1977 年至 1985 年，投入重建当代文化的学术大潮，陆续出版了《世界戏剧学》、《中国戏剧史》、《观众心理学》、《艺术创造学》、*Some Observations on the Aesthetics of Primitive Chinese Theatre* 等一系列学术著作,先后获全国优秀教材一等奖、上海哲学社会科学著作奖、全国戏剧理论著作奖。

· 1985年2月,由上海各大学的学术前辈联名推荐,在没有担任过副教授的情况下直接晋升为正教授。

· 1986年3月,因国家文化部在上海戏剧学院举行的三次民意测验中均名列第一,被任命为上海戏剧学院副院长、院长。主持工作一年后,即被文化部教育司表彰为"全国最有现代管理能力的院长"之一。与此同时,又出任上海市咨询策划顾问、上海市写作学会会长、上海市中文专业教授评审组组长兼艺术专业教授评审组组长。被授予"国家级突出贡献专家"、"上海十大高教精英"等荣誉称号。

· 1989年至1991年,几度婉拒了升任更高职位的征询,并开始向国家文化部递交辞去院长职务的报告。辞职报告先后共递交了23次,终于在1991年7月获准辞去一切行政职务,包括多种荣誉职务和挂名职务。辞职后,孤身一人从西北高原开始,系统考察中国文化的重要遗址。当时确定的考察主题是"穿越百年血泪,寻找千年辉煌"。在考察沿途所写的"文化大散文"《文化苦旅》、《山居笔记》等,快速风靡全球华文读书界,由此成为最具影响力的华文作家之一。

· 1991年5月,发表《风雨天一阁》,在全国开启对历代图书收藏壮举的广泛关注。

·1992年2月开始，先后被多所著名大学聘为荣誉教授或兼职教授，例如复旦大学、上海交通大学、同济大学、上海大学、中国科技大学、西安交通大学等。

·1993年1月，发表《一个王朝的背影》，首次充分肯定少数民族王朝入主中原的特殊生命力，重新评价康熙皇帝，开启此后多年"清宫戏"的拍摄热潮。

·1993年3月，发表《流放者的土地》，首次系统揭示清朝统治集团迫害和流放知识分子的凶残面目，并展现筚路蓝缕的"流放文化"。

·1993年7月，发表《苏东坡突围》，刻画了中国文化史上最有吸引力的人格典范，借以表现优秀知识分子所必然面临的一层层来自朝廷和同行的酷烈包围圈，以及"突围"的艰难。此文被海峡两岸暨香港、澳门的报刊广为转载。

·1993年9月，发表《千年庭院》，颂扬了中国古代最优秀的教学方式——书院文化，发表后在全国教育界产生不小影响。

·1993年11月，发表《抱愧山西》，首次系统描述并论证了中国古代最成功的商业奇迹——晋商文化，为当时正在崛起的经济热潮寻得了一个古代范本。此文发表后读者无数，传播广远。

·1994年3月，发表《天涯故事》，首次梳理了沉埋已久的海南岛文化简史，并把海南岛文化归纳为"生态文明"和"家园文明"，主张以吸引旅游为其发展前景。

·1994年5月至7月，发表长篇作品《十万进士》（上、下），首次完整地清理了千年科举制度对中国文化的正面意义和负面意义。

·1994年9月，发表《遥远的绝响》，描述魏晋名士对中国文化的震撼性记忆。由于文章格调高尚凄美，一时轰动文坛。

· 1994年11月，发表《历史的暗角》，首次系统列述了"小人"在中国文化中的隐形破坏作用，以及古今君子对这个庞大群体的无奈。发表后在海峡两岸暨香港、澳门引起巨大反响，被公认为"研究中国负面人格的开山之作"。

· 1995年4月，应邀为四川都江堰题写自拟的对联"拜水都江堰，问道青城山"，镌刻于该地两处。

· 1996年7月，多家媒体经调查共同确认余秋雨为"全国被盗版最严重的写作人"，由此被邀请成为"北京反盗版联盟"的唯一个人会员，并被聘为"全国扫黄打非督导员（督察证为B027号）"。

· 1998年6月，新加坡召集规模盛大的"跨世纪文化对话"而震动全球华文世界。对话主角是四个华人学者，除首席余秋雨教授外，还有哈佛大学的杜维明教授、威斯康星大学的高希均教授和新加坡艺术家陈瑞献先生。余秋雨的演讲题目是《第四座桥》。

· 1999年2月，为妻子马兰创作的剧本《秋千架》隆重上演，极为轰动，打破了北京长安大戏院的票房纪录。在台湾地区演出更是风靡一时，场场爆满。

· 1999年开始，引领和主持香港凤凰卫视对人类各大文明遗址的历史性考察，成为目前世界上唯一贴地穿越数万公里危险地区的人文教授，也是"9·11"事件之前最早向文明世界报告恐怖主义控制地区实际状况的学者。由此被日本《朝日新闻》选为"跨世纪十大国际人物"。

· 2002年4月，应邀为李白逝世地撰写《采石矶碑》（含书法），镌刻于安徽马鞍山三台阁。

· 从2000年开始，由于环球考察在海内外所造成的巨大影响，国内一些媒体为了追求"逆反刺激"的市场效应而发起诽谤。先由北京大学一个学生误信了一个上海极左派文人的传言进行颠倒批判，即把当年冒险潜入外文书库独自编写《世界戏剧学》的勇敢行动诬陷为"文革写作"，并误植了笔名"石一歌"。由此，形成十余年的诽谤大潮，并随之出现了一批"啃余族"。余秋雨先生对所有的诽谤没有做任何反驳和回击，他说："马行千里，不洗尘沙。"

·2003年7月，由于多年来在中央电视台的文化栏目中主持"综合文史素质测试"而成为全国观众的关注热点，上海一个当年的造反派代表人物就趁势做逆反文章，声称《文化苦旅》中有很多"文史差错"，全国上百家报刊转载。10月19日，我国当代著名文史权威章培恒教授发文指出，经他审读，那个人的文章完全是"攻击"和"诬陷"，而那个人自己的"文史知识"连一个高中生也不如。

·2004年2月，由于有关"石一歌"的诽谤浪潮已经延续四年仍未有消停迹象，余秋雨就采取了"悬赏"的办法。宣布"只要证明本人曾用这个笔名写过一篇、一段、一节、一行、一句这种文章，立即支付自己的全年薪金"，还公布了执行律师的姓名。十二年后，余秋雨宣布悬赏期结束，以一篇《"石一歌"事件》做出总结。

·2004年3月，参加联合国开发计划署《人类发展报告》的设计、研讨和审核。

·2004年年底，被联合国教科文组织、北京大学、《中华英才》杂志社等单位选为"中国十大文化精英"、"中国文化传播坐标人物"。

·2005年4月，应邀赴美国巡回演讲：

1）4月9日讲《中国文化的困境和出路》（在纽约市立大学亨特学院）；

2）4月10日讲《中国知识分子的问题所在》（在北美华文作家

协会);

   3)4月12日上午讲《空间意义上的中华文化》(在马里兰大学);

   4)4月12日下午讲《君子的脚步》(在华盛顿国会图书馆);

   5)4月13日讲《时间意义上的中华文化》(在耶鲁大学);

   6)4月15日讲《中国文化所追求的集体人格》(在哈佛大学);

   7)4月17日讲《中华文化的三大优势和四大泥潭》(在休斯敦美南华文写作协会)。

·2005年7月20日,在联合国"世界文化大会"上发表主旨演讲《利玛窦的结论》,论述中国文明自古以来的非侵略本性,引起极大轰动。演说的论据,后来一再被各国政界、学界引用。收入书籍时,标题改为《中华文化的非侵略本性》。

·2005年11月,应邀撰写《法门寺碑》(含书法),镌刻于陕西法门寺大雄宝殿前的影壁。

·2006年4月,应邀撰写《炎帝之碑》(含书法),镌刻于湖南株洲炎帝陵纪念塔。

·2005年至2008年,被香港浸会大学聘请为"健全人格教育奠基教授",每年在香港工作时间不少于半年。

·2006年,在香港凤凰卫视开办日播栏目《秋雨时分》,以一整年时间畅谈中华文化的优势和弱势,播出后在海内外产生广泛影响。

·2007年1月,发表《问卜中华》,详尽叙述了甲骨文的出土在中国文明濒临湮灭的二十世纪初年所带来的神奇力量,同时论述了商代的历史面貌。

·2007年3月,发表《古道西风》,系统叙述了中华文化的两大始祖老子和孔子的精神风采。

·2007年5月，发表《稷下学宫》，对比古希腊的雅典学院，将两千年前东西方两大学术中心进行平行比照。

·2007年7月，发表《黑色的光亮》，以充满感情的笔触表现了平民思想家墨子的人格光辉。

·2007年8月，应邀为七十年前解救大批犹太难民的中国外交官何凤山博士撰写碑文（含书法），镌刻于湖南益阳何凤山纪念墓地。

·2007年9月，发表《诗人是什么》，论述"中国第一诗人"屈原为华夏文明注入的诗化魂魄，分析了他获得全民每年纪念的原因，并解释了一些历史误会。

·2007年11月，发表《历史的母本》，以最高坐标评价了司马迁为整个中华民族带来的历史理性和历史品格。

·2008年5月12日，中国发生"汶川大地震"，第一时间赶到灾区参加救援。见到遇难学生留在废墟间的破残课本，决定以夫妻两人三年薪水的总和默默捐建三个学生图书馆，却被人在网络上炒作成"诈捐"，在全国范围喧闹了两个月之久。后由灾区教育局一再说明捐建实情，又由王蒙、冯骥才、张贤亮、贾平凹、刘诗昆、白先勇、余光中等名家纷纷为三个学生图书馆题词，风波才得以平息。

·2008年9月，上海市教育委员会颁授成立"余秋雨大师工作室"。上海市静安区政府决定为"余秋雨大师工作室"赠建办公小楼。

·2008年12月，为妻子马兰创作的中国音乐剧《长河》在上海大剧院隆重上演，受到海内外艺术精英的极高评价。

·2009年5月，应邀为山西大同云冈石窟题词"中国由此迈向大唐"，镌刻于石窟西端。

·2010年1月，《扬子晚报》在全国青少年读者中做问卷调查"你最喜爱的中国当代作家"，余秋雨名列第一。"冠军奖座"是钱为教授雕塑的余秋雨铜像。

·2010年3月27日，获澳门科技大学所颁"荣誉文学博士"称号。同时获颁荣誉博士称号的有袁隆平、钟南山、欧阳自远、孙家栋等著名专家。

·2010年4月30日，接受澳门科技大学任命，出任该校人文艺术学院院长。宣布在任期间每年年薪五十万港元全数捐献，作为设计专业和传播专业研究生的奖学金。

·2010年5月21日，联合国发布自成立以来第一份以文化为主题的"世界报告"，发布仪式的主要环节，是联合国教科文组织总干事博科娃女士与余秋雨先生进行一场对话。余秋雨发言的标题为《驳"文明冲突论"》。

·2012年1月至9月，最终完成以莱辛式的"极品解析"方法来论述中国美学的著作《极品美学》。

·2012年10月12日，中国艺术研究院成立"秋雨书院"。北京众多著名学者、企业家出席成立大会，并热情致辞。该书院是一个培养博士生的高层教学机构，现培养两个专业的博士研究生：一、中国文化史专业；二、中国艺术史专业。

·2013年10月18日下午，再度应邀赴美国纽约联合国总部大厦演讲《中华文化为何长寿》。当天联合国网站将此演讲列为国际第一要闻。

·2013年10月20日，在纽约大学演讲《中国文脉简述》。

·2013年12月，完成庄子《逍遥游》的巨幅行草书写，并将《逍遥游》译成可诵可吟的现代散文。

·2014年1月，完成屈原《离骚》的巨幅行书书写，并将《离骚》译成可诵可吟的现代散文。

- 2014年1月31日，完成《祭笔》。此文概括了作者自己握笔写作的艰辛历程。

- 2014年3月，发表以现代思维解析《般若波罗蜜多心经》的文章《解经修行》，并由此开始写作《修行三阶》、《〈金刚经〉简释》、《〈坛经〉简释》。

- 2014年4月，《余秋雨学术六卷》出版发行。

- 2014年5月，古典象征主义小说《冰河》（含剧本）出版发行。

- 2014年8月，系统论述中华文化人格范型的《君子之道》出版发行，立即受到海峡两岸读书界的热烈欢迎。

- 2014年10月，《秋雨合集》二十二卷出版发行。

- 2014年10月28日，出任上海图书馆理事长。

- 2015年3月，再度应邀在海峡对岸各大城市进行"环岛巡回演讲"，自台北市、新北市、台中市到高雄市。双目失明的星云大师闻讯后从澳大利亚赶回，亲率僧侣团队到高雄车站长时间等待和迎接。这是余秋雨自1991年后第四次大规模的环岛演讲。本次演讲的主题是"中华文化和君子之道"。

- 2015年4月，悬疑推理小说《空岛》和人生哲理小说《信客》出版。

- 2015年9月，应邀为佛教胜地普陀山书写《心经》，镌刻于该岛回澜亭。

- 2016年3月，应邀为佛教胜地宝华山书写《心经》，镌刻于该山平台。

- 2016年7月，中华书局出版《中华文化读本》七卷，均选自余秋雨著作。

·2016年11月，被选为世界余氏宗亲会名誉会长。

·2017年5月25日至6月5日，中国美术馆举办"余秋雨翰墨展"（中国艺术研究院主办），参观者人山人海，成为中国美术馆建馆半个多世纪以来最为轰动的展出之一。中国文联主席兼中国作协主席铁凝说："这个展览气势恢宏，彰显了秋雨先生令人慨叹的文化成就，使我对先生的为人和为文有了新的感受。"中国书法家协会原主席张海说："即使秋雨先生没有写过那么多著作，光看书法，也是真正专业的大书法家。"国务院参事室主任王仲伟说："余先生的书法作品，应该纳入国家收藏。"据统计，世界各地通过网络共享这次翰墨展的华侨人数，超过千万。

·2017年9月，记忆文学集《门孔》出版发行。此书被评为《中国文脉》的当代续篇，其中有的文章已成为近年来网上最轰动的篇目。作者以自己的亲身交往描写了巴金、黄佐临、谢晋、章培恒、陆谷孙、星云大师、饶宗颐、金庸、林怀民、白先勇、余光中等一代文化巨匠，同时也写了自己与妻子马兰的情感历程。作者对《门孔》这一书名的阐释是："守护门庭，窥探神圣。"

·2017年12月，《境外演讲》出版发行。此书收集了作者在联合国的三次演讲，又汇集了在美国各地和我国港澳地区巡回演讲和电视讲座的部分记录，被专家学者评为"打开中华文化之门的钥匙"。

·2018年全年，应喜马拉雅网上授课平台之邀，把中国艺术研究院"秋雨书院"的博士课程向全社会开放，播出《中国文化必修课》。截至2019年10月，收听人次已经超过六千万。

·2019年至2020年，在全民防疫期间，闭户静心，总结以往研究成果，完成了《老子通释》、《周易简释》、《佛典译释》、《文典译写》、《山川翰墨》这五大古典工程的全部文本及书法。

（周行、刘超英整理，经余秋雨大师工作室校核）

图书在版编目（CIP）数据

老子通释 / 余秋雨著. — 北京：北京联合出版公司，2021.3 (2021.10 重印)
ISBN 978-7-5596-4945-4

Ⅰ.①老… Ⅱ.①余… Ⅲ.①道家②《道德经》—研究 Ⅳ.① B223.15

中国版本图书馆 CIP 数据核字 (2021) 第 030624 号

老子通释

作　　者：余秋雨
出 品 人：赵红仕
责任编辑：牛炜征

北京联合出版公司出版
（北京市西城区德外大街 83 号楼 9 层　100088）
北京盛通印刷股份有限公司印刷　新华书店经销
字数 230 千字　700 毫米 ×980 毫米　1/16　印张 27.5
2021 年 3 月第 1 版　2021 年 10 月第 4 次印刷
ISBN 978-7-5596-4945-4
定价：98.00 元

未经许可，不得以任何方式复制或抄袭本书部分或全部内容
版权所有，侵权必究
如发现图书质量问题，可联系调换。质量投诉电话：010-82069336

X 磨铁

总 策 划：金克林
封面设计：石　磊

责任编辑：牛炜征
监　　制：魏　玲
特约策划：何　寅
产品经理：杨海泉
特约编辑：刘　倩
营销统筹：金　颖

排版制作：壹原视觉
　　　　　今亮后声

辯者不善善者不博博
者不知聖人不積既以為
人己愈有既以與人己愈
多天之道利而不害聖
人之道為而不爭

结绳而用之甘其食美其服安其居乐其俗邻国相望鸡犬之声相闻民至老死不相往来信言不美美言不信善者不辩

等歆常與善人小國寡民使有什伯之器而不用使民重死而不遠徙雖有舟輿無所乘之雖有甲兵無所陳之使民復

天下之正之为反和大
怨必有馀怨报怨以德
安可以为善是以聖人
执左契而不责於人有
德司契無德司徹天道

莫之能勝以其無以易
之弱之勝強柔之勝剛
天下莫不知莫能行是
以聖人云受國之垢是謂
社稷主受國不祥是為

之道損有餘而補不足
人之道則不然損不足
以奉有餘孰能有餘以
奉天下唯有道者是以
聖人爲而不恃功成而不處其

以兵强则减木强则折强大处下柔弱处上之道其犹张弓与高者抑之下者举之有余者损之不足者补之天

大唯兵以生為春是賢
於貴生人之生也柔弱其
死也堅強草木之生也柔
脆其死也枯槁故堅強者
死之徒柔弱者生之徒是

民之饑以其上食税之多是以饑民之难治以其上之有为是以难治民之难死以其上生之厚是以轻死

以死懼之若使民常畏死而為奇者吾得執而殺之孰敢常有司殺者殺夫代司殺者殺是謂代大匠斲夫代大匠斲

利而害天之所恶孰知

其故天之道不争而善

胜不言而善应不召而自

来坦然而善谋天纲恢恢

疏而不失民不畏死奈何

而居世厭其所生夫唯不
厭是以不厭是以聖人自
知不自見自愛不自貴
故去彼取此勇於敢則殺
勇於不敢則活此兩者或

乎夫唯是以聖人被褐而懷玉知不知尚矣不知知病也聖人不病以其病之是以不病民不畏威則大威至毋狎其

故猴兵相若哀者勝矣孫子曰甚易知甚易行天下莫能知莫能行三者亨子為天唯聖人是以不亨也天矣希則

有言吾不敢為主而為客不敢進寸而退尺是謂行無行攘無臂扔無敵執無兵禍莫大於輕敵輕敵幾喪吾寶

御之善為士者不武善戰者不怒善勝敵者不與善用人者為下是謂不爭之德是謂用人之力是謂配天古之極用兵

倍則能廣不敢為天下先故能成器長今舍慈且勇舍儉且廣舍後且先死矣夫慈以戰則勝以守則固天將救之以慈

是以聖人樂推而不厭以
其不爭故天下莫能與之
爭故有三寶持而保
之一曰慈二曰儉三曰不
敢為天下先慈故能勇

老以其善下之故能為百
谷王是以雲人欲上民不
以之二之欲先民亦以多
役之是以聖人處上而民
不重處前而民不害

以智治國之福知此兩者
亦楷式常如楷式是謂
玄德玄德深矣遠矣與
物反矣然後乃至大順
江海之所以能為百谷王

之徒不常於幾成而敗之
慎終如始則無敗事古之
善為道者非以明民將以
愚之民之難治以其智
多故以智治國國之賊不

其未兆易謀其脆易泮其
微易散爲之於未有治
之於未亂合抱之木生於
毫末九層之臺起於累
土千里之行始於足下民

了必作於細是以聖人終不為大故能成其大夫輕諾必寡信多易必多難是以聖人猶難之故終其無難矣其安易持

不曰求以得有罪以免
邪故為天下貴為無
為事無事味無味圖難
於其易為大於其細天下
難事必作於易天下大

美则可以加人矣不善何害之有故言天子罪王心雖有拱璧以先驷马不如坐进此道古之所以贵此道者何

富人小邦不過欲入事人大邦者不過欲兼畜人兩欲大者宜為下造善物之與善人之寶不善人之所保美言可以市尊

牝常以靜勝牡以靜爲下故大邦以下小邦則取小邦小邦以下大邦則取大邦故或下以取或下而取大邦不過欲兼

非亓鬼不神亓神不傷
人非其神不傷人聖人亦
不傷人夫两不相傷故
德交婦焉大邦者
下流天下之牝天下之交

无其极莫知其极可以有國有國之母可以长久是謂深根固柢長生久視之道治大國若烹小鮮以道莅天下其鬼不神

復為嬡人之迷其日固
久治人手夬葢為畫
夫佳畫是謂早服早
服謂之重積德重積德
則無不克不克則莫

察其民飢之是以聖人方而不割廉而不劌直而不肆光而不燿禍兮福之所倚福兮禍之所伏孰知其極其無正也正復為奇善

滋彰盗贼多，乃为故圣人云，我无为而民自化，我好静而民自正，我无事而民自富，我无欲而民自朴，其政闷闷，其民淳淳，其政

以奇用兵以无事取天下以
夫何以知其然哉以此
天下多忌諱而民彌貧
人多利器國家滋昏人
多伎巧奇物滋起法令

是謂立同故不可得而
親不可得而踈不可得
而利不可得而害不可
得而貴不可得而賤故
為天下貴以正治國

生岁曰明益生曰祥心使氣曰強物壯則老謂之不道不道早已知者不言言者不知塞其兑挫其銳解其紛和其光同其塵

势将发不擒纵
拘骨弱筋柔而挥固
未知壮之合而股作
精之至也终日号而不
嗄和之至也知和曰常

以身觀身以家觀家以鄉觀鄉以邦觀邦以天下觀之以何以知天下然哉以此含德之厚比於赤子毒蟲不

不拔修之於其德乃真修之於家其德乃餘修之於鄉其德乃長修之於邦其德乃豐修之於天下其德乃普故

除田畝蕪倉廩虛眠
又纂帶而飽厭飲食
財貨有餘是謂盜夸
非道也哉善建者不拔
善抱者不脫子孫以祭祀

用其光復歸其明毋
遺身殃是為襲常
使我介然有知行於
大道唯施是畏大道
甚夷而人好徑朝甚

既得其母以知其子既知其子復守其母沒身不殆塞其兌閉其門終身不勤開其兌濟其事終身不救見小曰明守柔曰強

曰常自然故道生之德畜之長之育之養之毒之養之覆之生而不有為而不恃長而不宰是謂玄德天下有始以為天下母

用其不善而寡其母
是何故以其无死地道
生之德畜之物形之勢成之
是以萬物莫不尊道
道之為物之貴夫莫之命

之生動之於死地者十九
三夫何故以其生之厚
盖聞善捉生者陸行
不遇兕虎入軍不被甲
兵兕無所投其角虎無所

信之德信聖人在天下歙歙焉為天下渾其心百姓皆注其耳目聖人皆孩之出生入死生之徒十有三死之徒十有三人

其无身不足以取天下
聖人常无心以百姓心
爲心善者吾善之不善
者吾亦善之德善信
者吾信之不信者吾亦

以聖人不行而知不
而明不爲而成爲學日益
爲道日損之之又損以
至於無爲無爲而無不
爲取天下常以無事及

祸莫大於不知足咎莫
大於欲得故知足之足
常足矣不出户知天
下不闚牖見天道其
出彌遠其知彌少是

居大巧若拙大辯
若訥靜勝躁寒勝
熱清靜為天下正天
下有道却走馬以糞天
下無道戎馬生於郊

扁甚愛必大費多藏

必厚亡故知足不辱

此不殆可以長久大成若

缺其用不弊大盈若

沖其用不窮大直若

玉堅不有入世間為是
以兵為為之而蓋不以
之教世為之益天下
希及之名與身孰親
身與貨孰多浮與亡孰

甘知夫唯道善貸且成
道生一一生二二生三三生
萬物萬物負陰而抱
陽沖氣以為和天下
之至柔馳騁天下之

上德若谷廣德若不
足建德若偷質眞若
渝大白若辱大方無
隅大器晚成大音希
聲大象無形道隱

聞道勤而行之中士聞
道若存若亡下士聞道
大笑之不笑不足以為道
故建言有之明道若昧
進道若退夷道若纇

所以賤為本邪非乎故
至譽無譽是故不欲琭琭
如玉珞珞如石反者道之
動弱者道之用天下萬
物生於有生於無上士

雲以恐懼者莫以正將恐蹶侯王自稱孤寡不穀此
恐竭萬物無以生將恐滅侯王無以貴高將恐
以賤為本高以下為基是以

昔天得一以清地得一以寧神得一以靈谷得一以生侯王得一以為天下貞其致之也謂天無以清將恐裂地無以寧將恐發神無以

之薄而亂之首前識者
道之華而愚之始是以
大丈夫處其厚不居其
薄處其實不居其華
故去彼取此昔之得一

上禮為之而莫以為上禮
為之而莫之應扣攘臂
而扔之故失道而後德失
德而後仁失仁而後義失
義而後禮夫禮者忠信

不以内自正上德不德是以有德下德不失德是以무덕上德무위而무以為下德무위而有以為上仁為之而무以為

常無為而無不為侯
王若能守之萬物將
自化化而欲作吾將鎮
以無名之樸鎮之以無名
之樸夫亦將不欲不欲以靜

之不固强之则欲瘘之必固兴之则欲取之必固与之是谓微明柔弱胜刚强鱼不可脱於渊国之利器不可以示人道

安平泰樂與餌過客止道之出口淡乎其無味視之不足見聽之不足聞用之不足既將欲之必固張之將欲弱

养万物而不为主可
名於小万物歸焉而不
為主可名為大以其終
不自為大故能成其大
執大象天下往往而不害

生之者富強则者亡志不生至所志久犯可不左右者大道汜兮其可左右萬物恃之以生而不辭功成而不有衣

名亦既有夫亦將止知止可以不殆譬道之在天下猶川谷之於江海知人者智自知者明勝人者有力自勝者強

常無名樸雖小天下莫能臣侯王若能守之萬物將自賓天地相合以降甘露民莫之令而自均始制有名

吉事尚左凶事尚
右偏將軍居左上將
居右言以喪禮處之
殺人之眾以悲哀泣之
戰勝以喪禮處之

夫不祥之器非君子之
器不得已而用之恬淡
為上勝而不美而美之
者是樂殺人夫樂殺人
者則不可得志於天下

勿強物壯則老是謂不
道不道早已夫兵者
不祥之器物或惡之故有
道者不處君子居則
貴左用兵則貴右兵

事好還師之所處荊棘
生焉大軍之後必有凶
年善為果而已不以取強
果而勿矜果而勿伐果而
勿驕果而不得已果而

將欲取天下而為之
吾見其不得已天下神器
不可為也為者敗之執者
失之故物或行
或隨或歔或吹或強或
羸或載或隳是以聖人
去甚去奢去泰以道佐
人主者不以兵強天下其

大制不割 將欲取天
下而為之吾見其不得已
天下神器不可為也不可
執也為者敗之執者失之
是以聖人無為故無敗

常德不離復歸於嬰兒
知其白守其辱為天下
谷為天下谷常德乃足
復歸於樸樸散則為器
聖人用之則為官長故

明故善人者不善人之师
不善人者善人之资不贵
其师不爱其资雖智大
迷是謂要妙知其雄守
其雌為天下谿為天下谿

不用籌筭善閉無
楗而不可開善結無繩約
而不可解是以聖人常
善救人故無棄人常善
救物故無棄物是謂襲明

重難乃營魄齓
然奈何萬乗之主而
以身輕天下輕則失根
躁則失矣善則營轍
迹善言無瑕謫善數

大地大人亦大域中有四大而人居其一焉人法地地法天天法道道法自然重為輕根靜為躁君是以君子終日行不離輜

獨立而不改周行而不殆可以為天地母吾不知其名強字之曰道強為之名曰大大曰逝逝曰遠遠曰反故道大天

彰自伐者無功自矜者
不長其在道也曰餘食
贅形物或惡之故有
道者不處有物混成
先天地生寂兮寥兮

之同於德上德不樂得之
同於失失失亦樂得之
信不足焉有不信焉
企者不立跨者不行
自見者不明自是者不

终日数而此者天地乎地尚不能久而況於人乎故從事於道者同於道德者同於德失者同於失同於道者道亦樂得

唯公爭故天下莫能與之爭古之所謂曲則全者豈虛言哉誠全而歸之希言自然故飄風不終朝驟雨不

則盈澈則新少則得
多則惑是以聖人抱一
為天下式不自是故明
不自是故彰不自伐故
有功不自矜故長夫

恍兮中有物恍兮精甚真
兮中有信自以及古其名
不去以閱眾甫吾何
以知眾甫之狀哉以
此曲則全枉則直

禍異於人而貴食母

孔德之容唯道是從

道之為物唯恍唯惚

惚兮恍兮其中有象

恍兮惚兮其中有物窈兮冥

無所歸愚人皆不能而
我獨若遺愚人之心
也哉俗人昭昭我獨昏々
俗人察々我獨悶々忽焉
若海恍兮若無所止眾人
皆有以而我獨頑且鄙

去若何人之所畏不可不畏
荒兮其未央哉衆人熙
熙如享太牢如春登臺
我獨泊兮其未兆沌兮
如嬰兒之未孩儽儽兮若

巧亲纷盗贼甚为此三
者以为文不足故令有所
属见素抱朴少私寡
欲绝学无忧唯之与阿
相去几何美之与恶相

慶為仁義智慧出為
大偽六親不私為孝
慈國家昏乱为忠逵
絕聖棄智民利百倍絕
仁弃義民復孝慈絕

太上不知有之其次親而
譽之其次畏之其次侮
之信不足焉有不信焉
悠兮其貴言功成事遂
百姓皆謂我自然大道

歸其根歸根曰靜靜
曰復命復命曰常知常曰
明不知常妄作凶知常
容容乃公公乃全全乃天
天乃道道乃久歿身不殆

以動之徐生保此道者
不欲盈夫唯不盈故
能之敝而新成致虚極
守静篤萬物並作吾以
觀復夫物芸芸各復

敦兮其若凌释兮其若樸曠兮其若谷混兮其若濁澹兮其若海飂兮若無止孰能濁以靜之徐清孰能安

是謂道紀古之善為道
者微妙玄通深不可識
夫唯不可識故強為之
容豫兮若冬涉川猶兮
若畏四鄰儼兮其若

芸物是謂芸狀之狀
芸物之象是謂惚恍
迎之不見其首隨之
不見其後執古之道
以御今之有能知古始

名曰夷視之不聞名曰希
搏之不得名曰微此三者
不可致詰故混而為一
其上不皦其下不昧繩繩
兮不可名復歸於

大惠孰多于所好於大惠
孰為孰多於及身為甚多
多多何惠故甚愛必多費多
下藏必多亡又下愛以多為
多少為託之必視之不見

不為目故去彼取此。寵辱若驚貴大患若身。何謂寵辱若驚寵為下得之若驚失之若驚是謂寵辱若驚何謂貴

為聞五色令人目盲五音令人耳聾五味令人口爽馳騁畋獵令人心發狂難得之貨令人行妨是以聖人為腹

三十輻共一轂當其無有
車之用埏埴以為器當
其無有器之用鑿戶牖
以為室當其無有室之
用故有之以為利無之以

一能世雄守当氣故来能人罢兒不滌除玄鑒能無疵乎愛民治國能為守天門開能為雄字明白四达能無生乎三

予故無尤持而盈之不如其已揣而銳之不可長保金玉滿堂莫之能守富貴而驕自遺其咎功遂身退天之道也載營魄抱

上善若水水利萬物而不爭處眾人之所惡故幾於道居善地心善淵與善仁言善信政善治事善能動善時夫唯不

不勤天长地久天地所以
能长且久者以其不自生故
能长生是以圣人後其身
而身先外其身
以其无私邪故能成其私

之皆出於豪釐守虚而
不屈動而愈出多言數
窮不如守中谷神不死
是謂玄牝玄牝之門是謂
天地根綿綿若存用之

天不爱道兮地不爱物兮宗湛兮以无存焉子孙兮谁之子孙兮天之无地之无仁义为物兮为万物醒人不仁以百姓为刍狗天地

不覩是以聖人之治虛
其心實其腹弱其志強
其骨常使民无知无欲
使夫智者不敢為也為無
為則无不治道冲而用之

生而弗有為而弗恃功成而弗居夫唯弗居是以不去不尚賢使民不爭不貴難得之貨使民不為盜不見可欲使民心

有成長短相形高下
盈音聲相和前後
相隨恒也是以聖人
處無為之事行不言
之教萬物作而弗始

玄微氏兩者同出而異名同謂之玄玄之又玄眾妙之門

天下皆知美之為美斯惡已皆知善之為善斯不善矣故有無相生難易

老子道德經

道可道非常道名可名
非常名無名天地之始有
名萬物之母故常無欲以
觀其妙常有欲以觀

道德經全本行書

余新雨書寫

上架建议：文化 哲学
ISBN 978-7-5596-4945-4

定价：98.00元